知ると楽しい!

和菓子のひみつ

「和菓子のひみつ」編集部 著

未来に伝えたい
ニッポンの菓子文化

はじめに

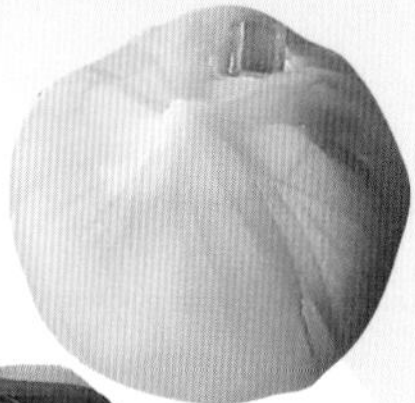

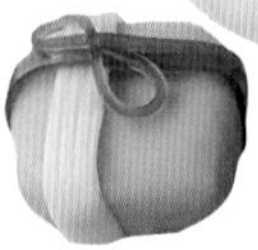

みなさんは和菓子《わがし》を食《た》べたことはありますか？
大福《だいふく》、どら焼《や》き、おまんじゅう、羊《よう》かんなどなど。
思《おも》い出《だ》すと自然《しぜん》と笑顔《えがお》になってしまうのではないでしょうか？
美味《おい》しくて、美《うつく》しくて、季節《きせつ》も感《かん》じられる。
そんな和菓子《わがし》の世界《せかい》をのぞいてみましょう。
果物《くだもの》から始《はじ》まったと伝《つた》わる和菓子《わがし》の歴史《れきし》や成《な》り立《た》ちは、
外国《がいこく》から伝《つた》わった菓子《かし》の良《よ》さを取《と》り入《い》れて、
日本独自《にほんどくじ》の和菓子《わがし》へと変化《へんか》して今《いま》の形《かたち》となりました。
それは、現在《げんざい》もなお日本全国《にほんぜんこく》にある、
それぞれの和菓子店《わがしてん》で進化《しんか》をし続《つづ》けています。

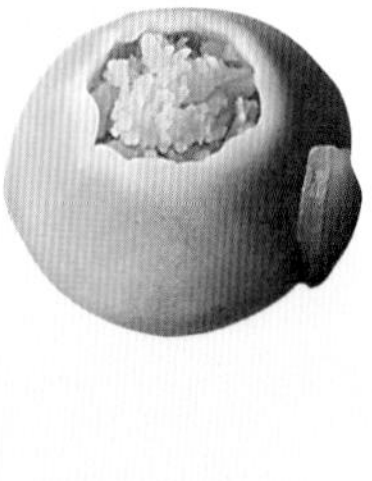

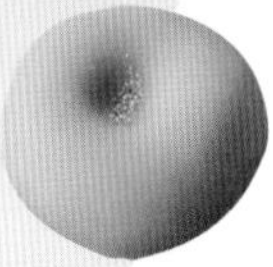

本書《ほんしょ》では、和菓子《わがし》の知《し》っておきたい基礎《きそ》から、
一年《いちねん》を通《つう》じた暮《く》らしや人《ひと》の一生《いっしょう》に寄《よ》り添《そ》う和菓子《わがし》、
神仏《しんぶつ》と関《かか》わりの深《ふか》い和菓子《わがし》の他《ほか》に、
それぞれの和菓子《わがし》の歴史《れきし》や和菓子店《わがしてん》、
全国《ぜんこく》に伝《つた》わる郷土菓子《きょうどがし》を紹介《しょうかい》しています。
日本文化《にほんぶんか》の一《ひと》つでもある「和菓子《わがし》」の知識《ちしき》を深《ふか》めて、
より身近《みぢか》に美味《おい》しく味《あじ》わっていただけると幸《さいわ》いです。

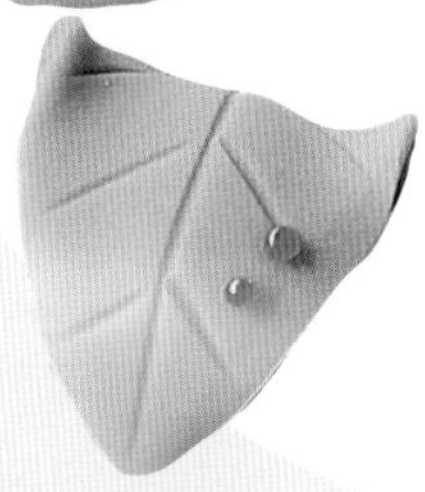

[参考文献]
『和菓子——美・職・技』(グラフィック社)、新星出版社編集部『和菓子と日本茶の教科書』(新星出版社)、樋口清之監修『日本の菓子 第一巻 心』(ダイレック)、藪光生『新 和菓子噺』(キクロス出版)、藪光生『和菓子 WAGASHI』(KADOKAWA)、青木直己『和菓子の歴史』(筑摩書房)、青木直己監修『美しい和菓子の図鑑』(二見書房)、高橋マキ『ときめく和菓子図鑑』(山と渓谷社)、君野倫子『わくわくほっこり和菓子図鑑』(二見書房)、『和菓子の基本』(枻出版)、株式会社 三越『日本を楽しむ年中行事』(かんき出版)、『人生に和菓子あり』(東京和菓子協会)、広田千悦子『にほんの行事と四季のしつらい』(世界文化社)、辻川牧子『心が豊かになる 季節のしきたり 和のおしえ』(KK ロングセラーズ)、善養寺ススム文・絵 江戸人文研究会編『絵で見る江戸の町とくらし図鑑』(廣済堂あかつき)、歴史研Q所『コーヒーの歴史』、磯淵猛『紅茶の教科書』(新星出版社)

目次《もくじ》

※ 本書は2021年発行の『和菓子のひみつ 楽しみ方・味わい方がわかる本 ニッポンの菓子文化超入門』を元に、児童向けに内容を加筆・再編集したものです。

よりみち
1

和菓子《わがし》ことわざ・慣用句《かんようく》

和菓子《わがし》を使《つか》ったことわざや慣用句《かんようく》は多《おお》くあり、昔《むかし》から人々《ひとびと》に親《した》しまれてきました。長《なが》い歴史《れきし》のあるもちが多《おお》く登場《とうじょう》しています。

絵《え》に描《か》いたもち
どんなに上手《じょうず》でも食《た》べられないところから、何《なん》の役《やく》にも立《た》たないもの。また、実物《じつぶつ》・本物《ほんもの》でなければ何《なん》の値打《ねう》ちもないこと

棚《たな》からぼたもち
苦労《くろう》せずに思《おも》いがけない幸運《こううん》に巡《めぐ》り合《あ》うこと

もちはもち屋《や》
もちのことはもち屋《や》が一番《いちばん》知《し》っている。物事《ものごと》にはそれぞれの専門家《せんもんか》がいて、素人《しろうと》ではかなわないということ

花《はな》より団子《だんご》
花《はな》を眺《なが》めて楽《たの》しむよりも団子《だんご》を食《た》べて食欲《しょくよく》を満《み》たすこと。風流《ふうりゅう》よりも実際《じっさい》の利益《りえき》を選《えら》ぶたとえ

ついたもちより心《こころ》持《も》ち
なにかの物《もの》をもらうよりも、その心《こころ》づかいが嬉《うれ》しいということ

お茶《ちゃ》の子《こ》さいさい
お茶《ちゃ》の子《こ》とは茶菓子《ちゃがし》のことで、腹《はら》にたまらず容易《ようい》に食《た》べられることから、簡単《かんたん》にできるという意味《いみ》

あめをねぶらせる
相手《あいて》を乗《の》り気《き》にさせてうまいことを言《い》うこと。後々《あとあと》のために勝負事《しょうぶごと》でわざと負《ま》けて相手《あいて》を喜《よろこ》ばせること

第《だい》
1
章《しょう》

和菓子《わがし》の基礎知識《きそちしき》

和菓子《わがし》の歴史《れきし》・種類《しゅるい》・材料《ざいりょう》・道具《どうぐ》など
和菓子《わがし》の基礎知識《きそちしき》を紹介《しょうかい》します

和《わ》菓《が》子《し》の歴《れき》史《し》

菓子《かし》の始《はじ》まりは木《き》の実《み》や果物《くだもの》。外国《がいこく》から伝《つた》わった菓子《かし》が日本独自《にほんどくじ》の和菓子《わがし》へと進化《しんか》していきました。

縄文《じょうもん》・古墳時代《こふんじだい》

自然《しぜん》の恵《めぐ》みから生《う》まれた菓子文化《かしぶんか》

その昔《むかし》、菓子《かし》は自然《しぜん》の木《き》になる果実《かじつ》の事《こと》を指《さ》して「くだもの」と読《よ》まれていました。現在《げんざい》でもフルーツを「水菓子《みずがし》」と表《あらわ》すところに、その名残《なごり》があります。農《のう》耕《こう》が発展《はってん》してくると、米《こめ》や麦《むぎ》などの農作物《のうさくぶつ》を粉《こな》にして加工《かこう》し、現在《げんざい》の和菓子《わがし》の原《げん》型《けい》になるもちや団子《だんご》が作《つく》られるようになりました。

奈良《なら》・平安時代《へいあんじだい》

大陸文化《たいりくぶんか》がとどいた唐菓子《とうがし》

大陸文化《たいりくぶんか》が唐《とう》(当時《とうじ》の中《ちゅう》国《ごく》や朝鮮《ちょうせん》の名)から日本《にほん》へ伝わると、米粉《こめこ》や小麦粉《こむぎこ》などを油《あぶら》であげたものをふくむ「唐果物《からくだもの》(唐菓子《とうがし》)」が、宮《きゅう》中《ちゅう》で行《おこな》われる行事《ぎょうじ》に用《もち》いられるようになりました。当時《とうじ》人気《にんき》の本《ほん》『源氏《げんじ》物語《ものがたり》』や『枕草子《まくらのそうし》』の中《なか》でも唐果物《からくだもの》は登場《とうじょう》しています。砂糖《さとう》が現在《げんざい》のように手《て》に入《はい》らなかった当時《とうじ》、甘《あま》く味《あじ》付《つ》けされた唐果物《からくだもの》はとても高価《こうか》なものとされていたようです。

平安時代《へいあんじだい》の書物《しょもつ》には「八種唐菓子《はっしゅとうがし》」と記《しる》され、「梅枝《うめがえ》」、「桃枝《とうし》」、「かっこ」、「けいしん」、「てんせい」、「ひちら」、「だんき」、「ついし」がありました。このほかにも「ぶと」、「まがり」、「かいなわ」、「ねんとう」、など名前《なまえ》を区別《くべつ》された唐菓子《とうがし》がありました。京都《きょうと》にある和菓子《わがし》店《てん》「亀屋清永《かめやきよなが》」では「清浄《せいじょう》歓喜団《かんきだん》」という唐菓子《とうがし》を製《せい》造販売《ぞうはんばい》しています。

千年前《せんねんまえ》と同《おな》じ姿《すがた》で作《つく》られている「清浄歓《せいじょうかん》喜団《きだん》」

※唐菓子《とうがし》の読《よ》み方《かた》はこの限《かぎ》りではありません

さくべい

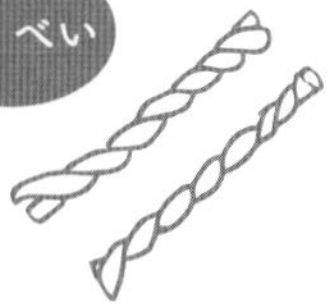

こねた小麦粉《こむぎこ》や米粉《こめこ》を塩《しお》ゆでし、すや塩《しお》などで味付《あじつ》けしたもの

かっこ

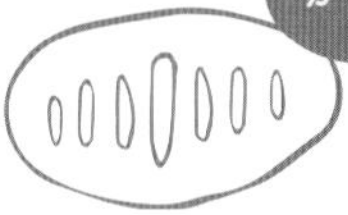

小麦粉《こむぎこ》をこねて虫《むし》の形《かたち》にし、焼《や》くか蒸《む》すかしたもの

桃枝《とうし》

米粉《こめこ》と水《みず》を練《ね》って、ゆでて梅《うめ》の枝《えだ》のような形《かたち》にして油《あぶら》であげたもの

けいしん

もち粉《こ》とシナモンを水《みず》で練《ね》り、ゆでてかんむりのような形《かたち》にして油《あぶら》であげたもの

てんせい

小麦粉《こむぎこ》をこねてくぼみをつけ、油《あぶら》で調理《ちょうり》したもの

ついし

米粉《こめこ》をてっぽうのたまのような形《かたち》に丸《まる》めてにたもの

ひちら

米《こめ》、あわ、きびなどの粉《こな》をうすくして焼《や》いたせんべいのようなもの

だんき

小麦粉《こむぎこ》をこねてあんをつつみこんで油《あぶら》であげたもの

鎌倉《かまくら》・室町《むろまち》・安土桃山時代《あづちももやまじだい》

自然《しぜん》の恵《めぐ》みから生《う》まれた菓子文化《かしぶんか》

中国《ちゅうごく》との貿易《ぼうえき》が盛《さか》んだった鎌倉時代《かまくらじだい》、中国《ちゅうごく》へ行《い》って学《まな》んだお坊《ぼう》さんたちが茶道《さどう》の始《はじ》まりと言《い》われる点心《てんしん》（禅宗《ぜんしゅう》のお寺《てら》で食事《しょくじ》の間《あいだ》にとる軽食《けいしょく》）の文化《ぶんか》を日本《にほん》にもたらし、あつもの類《るい》やまんじゅうが伝《つた》わります。あつもの類《るい》とは、その当時《とうじ》、スープに羊《ひつじ》のきもの形《かたち》をした蒸《む》し物《もの》を入《い》れたものでした。中国《ちゅうごく》の羊《よう》かんは、羊《ひつじ》の肉《にく》を入《い》れたスープでしたが、日本《にほん》でこのような形《かたち》になったのは、肉《にく》を食《た》べる習慣《しゅうかん》がなかったためだと思《おも》われます。ちなみに茶道《さどう》が盛《さか》んだった室町時代《むろまちじだい》に、蒸《む》し物《もの》をそのまま菓子《かし》として出《だ》したのが羊《よう》かんの始《はじ》まりのようです。

また、西洋《せいよう》からはカステラやカルメラなど南蛮菓子《なんばんがし》と言《い》われる菓子《かし》が伝《つた》えられました。キリスト教《きょう》を伝《つた》えたり貿易《ぼうえき》をしたりするために日本《にほん》へ来《き》たポルトガル人《じん》やスペイン人《じん》たちが、南蛮菓子《なんばんがし》を殿様《とのさま》などへ贈《おく》った記録《きろく》が古《ふる》い書物《しょもつ》に記《しる》されています。当時《とうじ》貴重《きちょう》だった砂糖《さとう》をたくさん使用《しよう》し、主《おも》な材料《ざいりょう》に卵《たまご》を使《つか》ったことが日本《にほん》の菓子《かし》の歴史《れきし》に大《おお》きな転機《てんき》をもたらしました。

江戸時代《えどじだい》

菓子文化《かしぶんか》の開花《かいか》 基礎《きそ》が完成《かんせい》

江戸時代《えどじだい》、政治《せいじ》の中心《ちゅうしん》が江戸《えど》（東京《とうきょう》）へ移《うつ》っても、根強《ねづよ》い文化《ぶんか》がしっかり残《のこ》っていた京都《きょうと》。京都《きょうと》で生産《せいさん》されるものは高級品《こうきゅうひん》として扱《あつか》われ、高品質《こうひんしつ》でお金持《かねも》ち向《む》けの「京《きょう》」ブランドが確立《かくりつ》。上方《かみがた》（京都《きょうと》）から江戸《えど》へ届《とど》く品物《しなもの》は「くだりもの」と呼《よ》ばれ大事《だいじ》にされました。京都《きょうと》生《う》まれ

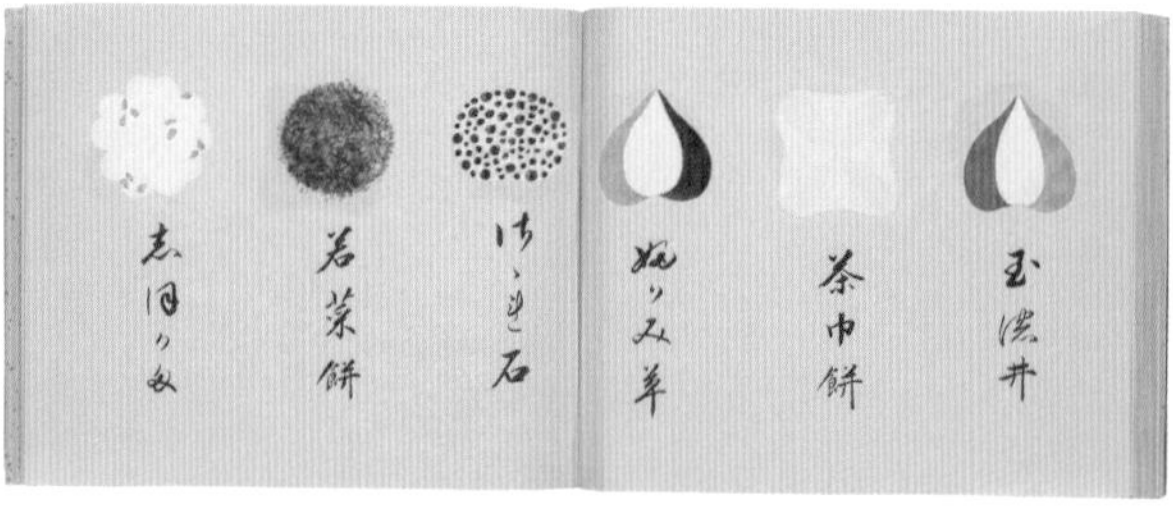

和製《わせい》の黒砂糖《くろざとう》ができるようになった江戸時代後期《えどじだいこうき》。このころより菓子《かし》の製法《せいほう》も格段《かくだん》に進歩《しんぽ》しました。こちらは江戸後期《えどこうき》ごろにまとめられた和菓子《わがし》の図《ず》です（加賀文《かがぶん》庫《こ》「御蒸菓子雛形《ごむしがしひながた》」東京都立中央《とうきょうとりつちゅうおう》図書館特別文庫室所蔵《としょかんとくべつぶんこしつしょぞう》）

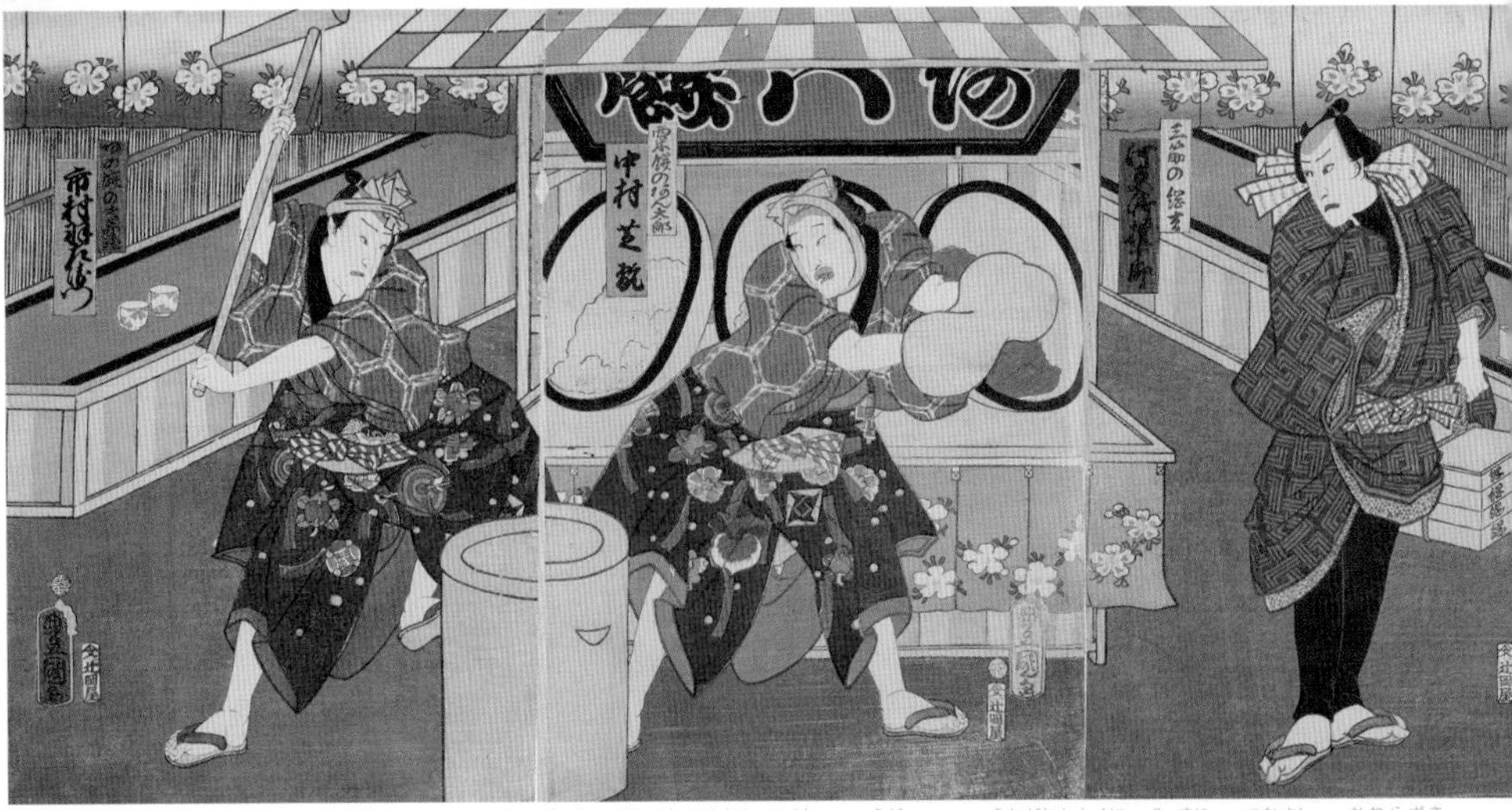

1861年《ねん》に市村座《いちむらざ》で上演《じょうえん》された歌舞伎《かぶき》「花競俄曲突《はなくらべにわかきょくづき》」を描《えが》いた、歌川豊国《うたがわとよくに》『三筋《みすじ》の綱吉《つなよし》　河原崎《かわらざき》権十郎《ごんじゅうろう》・あわもちのあん太郎《たろう》　中村芝翫《なかむらしかん》・あわもちのきな蔵《ぞう》　市村羽左衛門《いちむらうざえもん》』(国立国会図書館所蔵《こくりつこっかいとしょかんしょぞう》)

の上菓子《じょうがし》「京菓子《きょうがし》」が全国《ぜんこく》各地《かくち》に広《ひろ》まっていきます。

1720～1780年《ねん》ころには人々《ひとびと》の間《あいだ》で、江戸《えど》ならではの菓子《かし》が作《つく》られるようになりました。江《え》戸《ど》の町《まち》には職人《しょくにん》が多《おお》かったことから、お腹《なか》にたまるもちや大福《だいふく》など、だれでも手《て》に入《はい》りやすい菓子《かし》が人《にん》気《き》となります。多《おお》くの人《ひと》が集《あつ》まる神社《じんじゃ》や寺《てら》の門前《もんぜん》でも菓子《かし》の販売《はんばい》が始《はじ》まります。長命寺《ちょうめいじ》の桜《さくら》もちや亀戸天神《かめいどてんじん》のくずもちなどのように、この時代《じだい》から売《う》り出《だ》され今《いま》に伝《つた》わる名《めい》物《ぶつ》の菓子《かし》も誕生《たんじょう》しました。また屋台《やたい》などでの販売《はんばい》の他《ほか》に、もちつきにパフォーマンスを取《と》り入《い》れて人気《にんき》となった店《みせ》が登場《とうじょう》し、歌舞《かぶ》伎《き》の題材《だいざい》にもなったといいます。この時代《じだい》には出《しゅっ》版業《ぱんぎょう》も盛《さか》んで、多《おお》くの料理《りょうり》本《ぼん》や菓子作《かしづく》りの本《ほん》なども発行《はっこう》されています。菓子《かし》店《てん》や菓子名《かしめい》が書《か》かれた当《とう》時《じ》のランキングにも今《いま》に伝《つた》わる菓子《かし》が多《おお》く記《しる》されています。江戸時代《えどじだい》には今《いま》の菓子業《かしぎょう》の基礎《きそ》ができたといえるでしょう。

江戸時代《えどじだい》が終《お》わると同時《どうじ》に、鎖国《さこく》から開国《かいこく》へと転換《てんかん》した日本《にほん》。明治時代《めいじじだい》には多《おお》くの西洋文化《せいようぶんか》が入《はい》ってきました。そこで、洋菓子《ようがし》と区別《くべつ》するために「和菓子《わがし》」の呼《よ》び名《な》が広《ひろ》まりました。

和《わ》菓《が》子《し》の種《しゅ》類《るい》 1

干菓子《ひがし》か半生菓子《はんなまがし》か生菓子《なまがし》かを水分量《すいぶんりょう》でみてみましょう

水分量《すいぶんりょう》、製法《せいほう》で見《み》てみよう

和菓子《わがし》を一言《ひとこと》で分類《ぶんるい》するのはむずかしく、水分《すいぶん》の量《りょう》や製法《せいほう》など、分類《ぶんるい》する基準《きじゅん》によって様々《さまざま》な分《わ》け方《かた》があります。羊《よう》かんを例《れい》に挙《あ》げると、水分量《すいぶんりょう》では「生菓子《なまがし》」または「半生菓子《はんなまがし》」。製法《せいほう》では「流《なが》しもの」、形《かたち》では「さおもの」に分類《ぶんるい》されます。

ここでは和菓子《わがし》の水分《すいぶん》量《りょう》と製法《せいほう》で分《わ》けていきます。

水分量《すいぶんりょう》で分類《ぶんるい》

完成直後《かんせいちょくご》の水分量《すいぶんりょう》によって、干菓子《ひがし》・半生菓子《はんなまがし》・生菓子《なまがし》の三《みっ》つに分類《ぶんるい》（それぞれの店《みせ》によって異《こと》なります）

水分量《すいぶんりょう》 10%以下《いか》

◎ 干菓子《ひがし》 ◎

- **打《う》ち物《もの》** 落雁《らくがん》、片栗物《かたくりもの》 など
- **押《お》し物《もの》** 村雨《むらさめ》、しおがま など
- **掛《か》け物《もの》** おこし、砂糖漬《さとうづ》け、ひなあられ など
- **焼《や》き物《もの》** ボーロ、せんべい、おかき など
- **あめ物《もの》** 有平糖《あるへいとう》、あめ玉《だま》 など

水分量《すいぶんりょう》
10〜30%

◎ 半生菓子《はんなまがし》 ◎

流《なが》し物《もの》	羊《よう》かん、錦玉《きんぎょく》かん など
練《ね》り物《もの》	求肥《ぎゅうひ》 など
焼《や》き物《もの》	桃山《ももやま》 など
おか物《もの》	最中《もなか》、鹿《か》の子《こ》 など

水分量《すいぶんりょう》
30%以上《いじょう》

◎ 生菓子《なまがし》 ◎

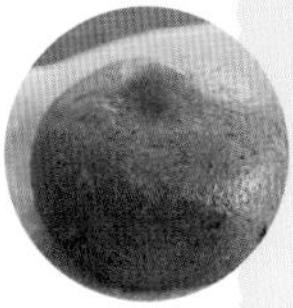

もち物《もの》	おはぎ、柏《かしわ》もち、草《くさ》もち など
蒸《む》し物《もの》	ういろう、蒸《む》し羊《よう》かん など
焼《や》き物《もの》	どら焼《や》き、金《きん》つば、カステラ など
流《なが》し物《もの》	羊《よう》かん、錦玉《きんぎょく》かん、水羊《みずよう》かん など
練《ね》り物《もの》	練《ね》り切《き》り、こなし、求肥《ぎゅうひ》 など
あげ物《もの》	あんドーナツ など

和《わ》菓《が》子《し》の種《しゅ》類《るい》2

もち物《もの》、蒸《む》し物《もの》、焼《や》き物《もの》、練《ね》り物《もの》など、ここでは11の製法《せいほう》や材料《ざいりょう》で分類《ぶんるい》してみましょう

基本《きほん》の製法《せいほう》や材料《ざいりょう》で分類《ぶんるい》

11ページで紹介《しょうかい》したように「和菓子《わがし》」とは明治《めいじ》時《じ》代《だい》の開国《かいこく》の時《とき》に外国《がいこく》から伝《つた》わった「洋菓子《ようがし》」と区別《くべつ》するための呼《よ》び名《な》です。

現在《げんざい》では様々《さまざま》な和菓子《わがし》がありますが、今《いま》に伝《つた》わる和菓子《わがし》の原型《げんけい》の多《おお》くが江《え》戸時代《どじだい》に完成《かんせい》していました。製法《せいほう》もそれぞれのお店《みせ》によっていろいろですが、ここでは基本的《きほんてき》な製法《せいほう》や材料《ざいりょう》を紹介《しょうかい》します。

製法《せいほう》で分類《ぶんるい》

和菓子《わがし》を製法《せいほう》や材料《ざいりょう》で分類《ぶんるい》する時《とき》も、調理法《ちょうりほう》や材料《ざいりょう》を頭《あたま》にして「○○物《もの》」と呼《よ》ばれます

もち物《もの》　もち米《ごめ》を主原料《しゅげんりょう》とするもの

柏《かしわ》もち、大福《だいふく》 など

蒸《む》し物《もの》　蒸《む》して作《つく》るもの

蒸《む》しまんじゅう、蒸《む》し羊《よう》かん など

流《なが》し物《もの》　型《かた》に流《なが》し込《こ》んで作《つく》るもの

羊《よう》かん など

あめ物《もの》　水《みず》あめや砂糖《さとう》をあめ状《じょう》にしたもの

有平糖《あるへいとう》 など

焼《や》き物《もの》 焼《や》いて作《つく》るもの

平鍋《ひらなべ》もの：どら焼《や》き、金《きん》つば など

オーブン物《もの》：カステラ など

練《ね》り物《もの》 あんやもち粉《こ》などに繋《つな》ぎを加《くわ》えて練《ね》って作《つく》るもの

練《ね》り切《き》り、求肥《ぎゅうひ》 など

おか物《もの》 火《ひ》を使《つか》わずに異《こと》なる素材《そざい》を組《く》み合《あ》わせて作《つく》るもの

最中《もなか》 など

打《う》ち物《もの》 材料《ざいりょう》を型《かた》に入《い》れて固《かた》めて作《つく》るもの

落雁《らくがん》 など

押《お》し物《もの》 打《う》ち物《もの》の中《なか》で、水分量《すいぶんりょう》が若干多《じゃっかんおお》いもの

しおがま など

かけ物《もの》 砂糖液《さとうえき》などをかけたり漬《つ》けたりして作《つく》るもの

おこし など

あげ物《もの》 油《あぶら》であげて作《つく》るもの

あげまんじゅう など

和菓子《わがし》の材料《ざいりょう》

和菓子作《わがしづく》りに欠《か》かせない素材《そざい》。
3種類《しゅるい》をさらに細《こま》かく分類《ぶんるい》してみましょう

和菓子《わがし》の主《おも》な材料《ざいりょう》は、豆《まめ》、粉《こな》、砂糖《さとう》

和菓子《わがし》の製造《せいぞう》に必要《ひつよう》な豆《まめ》・粉《こな》・砂糖《さとう》。どんな和菓子《わがし》でもこの3つの材料《ざいりょう》のどれかが使用《しよう》されていると言《い》ってもよいでしょう。

こしあんやつぶあんなど和菓子《わがし》に欠《か》かせないあんの材料《ざいりょう》の豆《まめ》。あんを包《つつ》んだり乗《の》せたり、和菓子《わがし》の土台《どだい》となる粉《こな》。味《あじ》の決《き》め手《て》になる砂糖《さとう》。ここでは3つの原料《げんりょう》を細《こま》かく分類《ぶんるい》します。

粉《こな》

うるち米《まい》

新粉《しんこ》・上新粉《じょうしんこ》・上用粉《じょうようこ》

生《なま》のうるち米《まい》を粉《こな》にしたもので、新粉《しんこ》・上新粉《じょうしんこ》・上用粉《じょうようこ》の順《じゅん》に細《こま》かい。柏《かしわ》もちや団子《だんご》、じょうよまんじゅうなど

もち米《ごめ》

もち粉《こ》

生《なま》のもち米《ごめ》を粉《こな》にしたもの

白玉粉《しらたまこ》

水《みず》に浸《ひた》したもち米《ごめ》を、水《みず》を切《き》ってから水《みず》を加《くわ》えながらつぶしてかわかす。白玉団子《しらたまだんご》など

道明寺粉《どうみょうじこ》

もち米《ごめ》を蒸《む》してかわかして粗《あら》くひいたもの。道明寺《どうみょうじ》など

道明寺粉《どうみょうじこ》

寒梅粉《かんばいこ》

もちを焼《や》いてかわかしてくだいたもの

小麦粉《こむぎこ》

小麦《こむぎ》の種子《しゅし》をひいた粉《こな》。タンパク質《しつ》であるグルテンの量《りょう》で強力粉《きょうりきこ》・はく力粉《りきこ》に分類《ぶんるい》される

くず粉《こ》

くずを粉《こな》にして布袋《ぬのぶくろ》に入《い》れ、水中《すいちゅう》でもみだしてしずんだ物《もの》をかわかしたもの

豆《まめ》

小豆《あずき》

小豆《あずき》
主《おも》にあんに使《つか》われる

手亡豆《てぼうまめ》
インゲン豆《まめ》の一種《いっしゅ》で白《しろ》あんに使《つか》われる

白小豆《しろあずき》
育《そだ》てるのが難《むずか》しく高級和菓子《こうきゅうわがし》に用《もち》いられる

えんどう豆《まめ》
緑色《みどりいろ》の豆《まめ》はうぐいすあんに、赤色《あかいろ》の豆《まめ》はみつ豆《まめ》などに使用《しよう》

手亡豆《てぼうまめ》

砂糖《さとう》

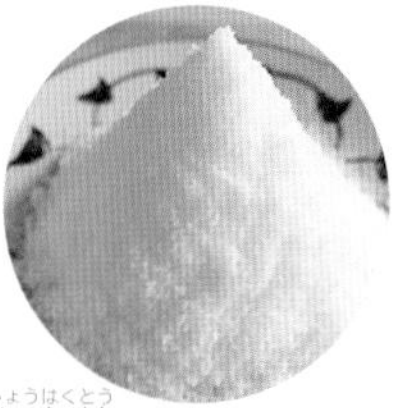
上白糖《じょうはくとう》

上白糖《じょうはくとう》
精製度《せいせいど》が高《たか》い上質《じょうしつ》な白砂糖《しろざとう》

和三盆《わさんぼん》
中国《ちゅうごく》から輸入《ゆにゅう》した砂糖《さとう》(唐三盆《とうさんぼん》)と区別《くべつ》する呼《よ》び名《な》で、四国地方《しこくちほう》で伝統的《でんとうてき》な製法《せいほう》で作《つく》られる。きめ細《こま》やかで口溶《くちど》けがよい

三温糖《さんおんとう》

三温糖《さんおんとう》
中白糖《ちゅうはくとう》より精度《せいど》が低《ひく》く、茶色《ちゃいろ》い

黒砂糖《くろざとう》
沖縄《おきなわ》や奄美大島《あまみおおしま》で製造《せいぞう》。精製《せいせい》していない黒茶色《くろちゃいろ》の砂糖《さとう》

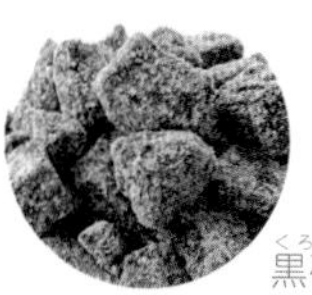
黒砂糖《くろざとう》

和《わ》菓《が》子《し》の道《どう》具《ぐ》

職人《しょくにん》の魂《たましい》が込《こ》められた道具《どうぐ》の数々《かずかず》。それ自体《じたい》が工芸品《こうげいひん》のように美《うつく》しく、見《み》あきることはありません

塩瀬総本家《しおせそうほんけ》に保存《ほぞん》されている木型《きがた》

和菓子《わがし》づくりに必要《ひつよう》な道具《どうぐ》は、へら、棒《ぼう》、ふるい、木型《きがた》、陶器製《とうきせい》の型《かた》、焼印《やきいん》など様々《さまざま》あります。中《なか》でも木型《きがた》は、四季《しき》の草花《くさばな》や鶴《つる》・亀《かめ》・鯛《たい》などの縁起物《えんぎもの》を丁寧《ていねい》に型抜《かたぬ》きして美《うつく》しい装飾《そうしょく》をする、和菓子《わがし》には欠《か》かせない道具《どうぐ》です。和菓子《わがし》を「食《た》べられる芸術品《げいじゅつひん》」とたとえるならば、数十種《すうじっしゅ》の彫刻刀《ちょうこくとう》を使《つか》い分《わ》けて作《つく》る木型《きがた》は「工芸品《こうげいひん》」です。その美《うつく》しい世界《せかい》をのぞいてみましょう。

木型《きがた》職人《しょくにん》の技術《ぎじゅつ》を後世《こうせい》に伝《つた》える

1349年創業《ねんそうぎょう》の「塩瀬《しおせ》総本家《そうほんけ》」（P106）では、店《みせ》で長《なが》い間使《あいだつか》われてきた120点《てん》ほどの木型《きがた》を保《ほ》管《かん》しています。まんじゅうで有名《ゆうめい》な店《みせ》ですが、落雁《らくがん》も人気《にんき》で、お盆《ぼん》やお彼岸《ひがん》のお供《そな》え物《もの》のほか、皇室関係《こうしつかんけい》の仕事《しごと》をする国《くに》の機関《きかん》「宮《く》内庁《ないちょう》」をはじめとする官公《かんこう》庁《ちょう》や企業《きぎょう》などからお祝《いわ》いの品《しな》として注文《ちゅうもん》されてきました。「木型《きがた》をつくる職《しょく》人《にん》さんも少《すく》なくなりました。大切《たいせつ》に受《う》け継《つ》いでいきたいと思《おも》います」と会長《かいちょう》の川島《かわしま》英子《えいこ》さんは話《はな》します。

砂糖《さとう》やあんなどの材料《ざいりょう》を入《い》れて抜《ぬ》き出《だ》し、様々《さまざま》な形《かたち》を作《つく》ります。ポンとたたいて型抜《かたぬ》きするため、木型《き》は丈夫《じょうぶ》な桜《さくら》の木《き》を使《つか》うことが多《おお》いといいます。写真《しゃしん》は葬式用《そうしきよう》に蓮《はす》の葉《は》をかたどった落雁《らくがん》と、その木型《きかた》

かつて乃木神社《のぎじんじゃ》（右《みぎ》／東京都港区《とうきょうとみなとく》）、箱《はこ》根神社《ねじんじゃ》（左《ひだり》／神奈川県《かながわけん》・箱根町《はこねまち》）で授《さず》けられた菓子《かし》の木型《きがた》。仕上《しあ》がった形《かたち》の左右《さゆう》・凹凸《おうとつ》を逆転《ぎゃくてん》させて彫《ほ》り、平《たい》らな図《ず》面《めん》から木型《きがた》へと立体的《りったいてき》に作《つく》っていきます

こちらも葬式用《そうしきよう》で、蓮《はす》の花《はな》の落雁《らくがん》です。花《はな》びらの一枚一枚《いちまいいちまい》が細《こま》かく彫《ほ》られています

P20～21の道具《どうぐ》は全《すべ》て塩瀬総本家《しおせそうほんけ》の所蔵《しょぞう》

宮内庁《くないちょう》からの仕事《しごと》で使《つか》った木型《きがた》。天皇《てんのう》の紋《もん》である「十六弁八重《じゅうろくべんやえ》表菊《おもてきく》」(左《ひだり》)、皇后《こうごう》の紋《もん》である「五七《ごしち》の桐《きり》」(右《みぎ》)

お祝《いわ》いの席《せき》に出《だ》されることの多《おお》い鯛《たい》は、お祝《いわ》いの菓子《かし》のテーマとして人気《にんき》です

菊《きく》の落雁《らくがん》とその木型《きがた》。くん章《しょう》などを授《さず》けられた時《とき》のお祝《いわ》いの菓《か》子《し》として注文《ちゅうもん》されることが多《おお》い

天皇家《てんのうけ》の家紋《かもん》
「菊《きく》の御紋《ごもん》」の焼印《やきいん》

塩瀬総本家《しおせそうほんけ》の名物《めいぶつ》
「志《し》ほせ饅頭《まんじゅう》」の焼印《やきいん》

こちらも和菓子《わがし》づくりに用《もち》いられる道具《どうぐ》で、焼印《やきいん》といいます。火《ひ》で熱《ねっ》した印《いん》をまんじゅうなどに押《お》して、店《みせ》の名前《なまえ》や紋《もん》などを入《い》れます

奥《おく》の深《ふか》い「菓銘《かめい》」の世界《せかい》

和菓子《わがし》に付《つ》けられた風流《ふうりゅう》な名前《なまえ》のことを「菓銘《かめい》」といいます

和菓子《わがし》は「羊《よう》かん」や「最中《もなか》」といった種類《しゅるい》の名前《なまえ》のほかに、その種類《しゅるい》を示《しめ》すこととは違《ちが》う、その菓子《かし》ならではの名前《なまえ》である「菓銘《かめい》」を持《も》っています。その歴史《れきし》と意味《いみ》について、全国和《ぜんこくわ》菓子協会専務理事《がしきょうかいせんむりじ》の藪光生《やぶみつお》さんにお話《はな》しいただきました。

菓銘《かめい》から広《ひろ》がる感性豊《かんせいゆた》かな世界《せかい》

「和菓子《わがし》は五感《ごかん》の芸術《げいじゅつ》である」という言葉《ことば》は、全国《ぜんこく》和菓子協会第二代会長《わがしきょうかいだいにだいかいちょう》が考《かん》えた言葉《ことば》です。五感《ごかん》とは視覚《しかく》(見《み》る)・触覚《しょっかく》(さわる)・味覚《みかく》(味《あじ》わう)・嗅覚《きゅうかく》(においをかぐ)・聴覚《ちょうかく》(聴《き》く)、のことで、和菓子《わがし》にとって視覚《しかく》や味覚《みかく》が大事《だいじ》であることは言《い》うまでもありません。

触覚《しょっかく》は、すっと楊枝《ようじ》が通《とお》る感覚《かんかく》や、噛《か》んだ時《とき》の感触《かんしょく》や舌《した》ざわりなどです。嗅覚《きゅうかく》については、和菓子《わがし》にはあまり強《つよ》い匂《にお》いのものはありませんが、素材《そざい》が持《も》つほのかな香《かお》りを感《かん》じ

藪 光生
やぶ みつお
(株《かぶ》)環境計画集団《かんきょうけいかくしゅうだん》社長室長《しゃちょうしつちょう》をつとめたのち、1978年《ねん》に全国和菓子協会専務理事《ぜんこくわがしきょうかいせんむりじ》になる。和菓子《わがし》に関《かん》する会社《かいしゃ》や店《みせ》の経営《けいえい》を指導《しどう》したり、広報活動《こうほうかつどう》に協力《きょうりょく》したりしているほか、講演《こうえん》や教育指導《きょういくしどう》も行《おこな》っている。主《おも》な著書《ちょしょ》に『新《しん》 和菓子《わがし》噺《ばなし》』(キクロス出版《しゅっぱん》)、『和菓子《わがし》』(角川《かどかわ》ソフィア文庫《ぶんこ》)など

取《と》る日本人《にほんじん》の感性《かんせい》といえるでしょう。

では和菓子《わがし》において聴《ちょう》覚《かく》で感《かん》じるとはどのようなことなのでしょうか。せんべいなどを除《のぞ》けば、ほとんどの和菓子《わがし》は食《た》べる時《とき》に大《おお》きな音《おと》を立《た》てません。和菓子《わがし》の聴覚《ちょうかく》というのはそういった音《おと》ではなく、菓子《かし》に付《つ》けられた「菓《か》銘《めい》」から聞《き》こえてくる響《ひび》きを指《さ》しています。菓銘《かめい》は短歌《たんか》や俳句《はいく》、自然《しぜん》の美《うつく》しい景色《けしき》や地域《ちいき》の名称《めいしょう》などに由来《ゆらい》してつけられており、菓銘《かめい》を聞《き》けば季節《きせつ》やその土地《とち》ならではの景色《けしき》や産物《さんぶつ》などが思《おも》い起《お》こされ、そこから広《ひろ》がる世界《せかい》を楽《たの》しめるのです。

風流《ふうりゅう》な菓銘《かめい》が普通名詞《ふつうめいし》（※1）に

おはぎはもともと「萩《はぎ》の花《はな》」という菓銘《かめい》がついていました。小豆《あずき》の皮《かわ》が点々《てんてん》とついている様子《ようす》が、萩《はぎ》の花《はな》に似《に》ているためです。それが「おはぎ」という普通名詞《ふつうめいし》として残《のこ》ります。おはぎは他《ほか》にも「隣《となり》知《し》らず」「夜舟《よふね》」「北窓《きたまど》」などの風流《ふうりゅう》な菓銘《かめい》を持《も》っています。おはぎは「ぼたもち」ともいいますが、もちとは言《い》っても臼《うす》でつくようなもちとは違《ちが》いこねて作《つく》るものですから、作《つく》っていても隣《となり》の家《いえ》に音《おと》が聴《き》こえません。だから「隣《となり》知《し》らず」。「夜舟《よふね》」は江戸時代《えどじだい》、真《ま》っ暗《くら》な夜《よる》に船《ふね》を出《だ》すのは危《あぶ》ないので「舟《ふね》が着《つ》かない」と「もちをつかない」をかけたもの。「北窓《きたまど》」は、北《きた》向《む》きの窓《まど》には月《つき》がないから。昔《むかし》の人《ひと》は言葉遊《ことばあそ》びや

しゃれを楽《たの》しんだんですね。

最中《もなか》は元《もと》は「最中《もなか》の月《つき》」(＝十五夜《じゅうごや》の月《つき》)という菓《か》銘《めい》から普通名詞《ふつうめいし》になったもので、平安時代《へいあんじだい》の歌人《かじん》・源 順《みなもとのしたごう》の「水《み》の面《おもて》に照《て》る月《つき》なみを 数《かぞ》ふれば 今《こ》宵《よい》ぞ秋《あき》の 最中《もなか》なりける」の歌《うた》に由来《ゆらい》します。

落雁《らくがん》は様々《さまざま》な説《せつ》がありますが、江戸時代《えどじだい》、米《こめ》の粉《こな》を四角《しかく》に固《かた》めて黒《くろ》ゴマを散《ち》らした菓子《かし》を、当時《とうじ》の天皇《てんのう》にさしあげたところ、「白山《はくさん》の 雪《ゆき》より高《たか》き 菓子《かし》の名《な》は 四方《よも》の千里《せんり》に 落《お》つる雁《かり》かな」という歌《うた》をおよみくださったことに由来《ゆらい》するともいわれています。

店名《てんめい》、和歌《わか》、俳句《はいく》、名所《めいしょ》など由来《ゆらい》は様々《さまざま》

和菓子《わがし》には「〇〇屋《や》の最《も》中《なか》」「〇〇屋《や》のどら焼《や》き」など、菓子屋《かしや》の店名《てんめい》が菓銘《かめい》のようになっているものもあります。同《おな》じ羊《よう》かんでも、店《みせ》によって水分《すいぶん》の量《りょう》、味《あじ》、形《かたち》など仕上《しあ》がりが違《ちが》いますよね。

菓子屋《かしや》が和歌《わか》からとった言葉《ことば》を菓銘《かめい》につける場《ば》合《あい》もあります。「未開紅《みかいこう》」はまだ冬《ふゆ》の寒《さむ》さの中《なか》、これから開《ひら》こうとする梅《うめ》のつぼみを表現《ひょうげん》しています。「此《こ》の花《はな》」という菓銘《かめい》もありますが、これは梅《うめ》の別名《べつめい》から。梅《うめ》の形《かたち》をした和菓《わが》子《し》の菓銘《かめい》は他《ほか》にも、梅《うめ》を愛《あい》した菅原道真《すがわらのみちざね》に由来《ゆらい》する「東風《こち》」「飛梅《とびうめ》」「菅公梅《かんこうばい》」などがあります。

紅葉《もみじ》の形《かたち》をした練《ね》り切《き》り(※2)に「竜田《たつた》」と名《な》づけられることがありますが、これは百人一首《ひゃくにんいっしゅ》でも有名《ゆうめい》な在原業平《ありわらのなりひら》の歌《うた》「千《ち》早《は》ぶる 神代《かみよ》もきかず 竜《たつ》田川《たがわ》 からくれなゐに 水《みず》くくるとは」に由来《ゆらい》します。

柿《かき》の形《かたち》をした練《ね》り切《き》りには「初《はつ》ちぎり」という菓銘《かめい》がつけられることもあります。これは江戸時代中期《えどじだいちゅうき》の俳人《はいじん》・加賀千代女《かがのちよじょ》の俳《はい》句《く》「渋《しぶ》かろか 知《し》らねど柿《かき》の 初《はつ》ちぎり」に由来《ゆらい》します。結婚生活《けっこんせいかつ》が幸《しあわ》せであるかどうかは結婚《けっこん》してみないとわからないという結婚《けっこん》前夜《ぜんや》の不安《ふあん》な気持《きも》ちを、柿《かき》が渋《しぶ》いか甘《あま》いかは食《た》べてみなければわからないということにたとえたものです。

地域《ちいき》の名所《めいしょ》や歴史《れきし》にゆかりの深《ふか》い場所《ばしょ》、昔《むかし》から伝《つた》わってきたことについての由来《ゆらい》や歴史《れきし》から菓銘《かめい》をつけることもあります。

愛媛県松山市《えひめけんまつやまし》の銘菓《めいか》（※3）「薄墨羊羹《うすずみようかん》」は飛鳥時代《あすかじだい》の天武天皇《てんむてんのう》がこの地《ち》にくださった桜《さくら》の木《き》「薄墨桜《うすずみざくら》」に由来《ゆらい》します。

菓銘《かめい》の由来《ゆらい》を聞《き》いてみよう

戦《いくさ》のない江戸時代《えどじだい》、歌舞伎《かぶき》や文楽《ぶんらく》、浮世絵《うきよえ》、文芸《ぶんげい》など、様々《さまざま》な文化《ぶんか》が発展《はってん》しましたが、菓子《かし》もその一《ひと》つです。参勤交代《さんきんこうたい》（※４）の制度《せいど》によって街道《かいどう》が整備《せいび》され、人《ひと》や物《もの》が行《い》き来《き》し、全国《ぜんこく》の産物《さんぶつ》が他《ほか》の地域《ちいき》にも知《し》られるようになりました。こうしたことも、この時代《じだい》に様々《さまざま》な菓銘《かめい》が誕生《たんじょう》した背景《はいけい》にあります。

もちろん明治時代以降《めいじじだいいこう》も菓銘《かめい》は創《つく》られています。私《わたし》は以前《いぜん》、千葉県市川市《ちばけんいちかわし》の行徳《ぎょうとく》に行《い》った時《とき》、「鴨場《かもば》の月《つき》」という和菓子《わがし》に出合《であ》いました。店《みせ》の人《ひと》に菓銘《かめい》の由来《ゆらい》を聞《き》いてみると、近《ちか》くに宮内庁《くないちょう》の鴨場《かもば》（鴨《かも》を狩猟《しゅりょう》するところ）があるからと答《こた》えてくれました。このように、和菓子《わがし》屋《や》さんで菓銘《かめい》の由来《ゆらい》を聞《き》くと、そのお菓子《かし》をいただく時《とき》に一層《いっそう》、味《あじ》わい深《ぶか》く感《かん》じると思《おも》います。「これは『竜田川《たつたがわ》』というお菓子《かし》で、紅葉《こうよう》の名所《めいしょ》、在原業平《ありわらのなりひら》の歌《うた》に由来《ゆらい》するんだよ」と言《い》えば、「そういえばそろそろ紅葉《こうよう》がきれいな季節《きせつ》だな。去年《きょねん》、旅行《りょこう》に行《い》った東北《とうほく》の八幡平《はちまんたい》の紅葉《こうよう》はすばらしかったね」など、会話《かいわ》も広《ひろ》がるでしょう。菓銘《かめい》から季節《きせつ》を感《かん》じたり様々《さまざま》なことを連想《れんそう》するのも、和菓子《わがし》の楽《たの》しみ方《かた》の一《ひと》つです。

※1　名詞《めいし》の種類《しゅるい》の１つで、広《ひろ》く一般《いっぱん》のものごとを表《あらわ》す

※2　砂糖《さとう》を加《くわ》えた白《しろ》あんに、求肥《ぎゅうひ》などのつなぎを加《くわ》えて練《ね》った和菓子《わがし》

※3　特別《とくべつ》な名《な》をもつ由緒《ゆいしょ》ある菓子《かし》

※4　江戸幕府《えどばくふ》が大名《だいみょう》に対《たい》し、定期的《ていきてき》に江戸《えど》に出《で》てきて勤《つと》めるように定《さだ》めた制度《せいど》

よりみち 2

和菓子《わがし》の日《ひ》の由来《ゆらい》になった「嘉祥《かじょう》」

毎年《まいとし》6月《がつ》16日《にち》は「和菓子《わがし》の日《ひ》」。この日《ひ》は昔《むかし》から「嘉祥《かじょう》」（嘉定《かじょう》とも）と呼《よ》ばれる儀式《ぎしき》が行《おこな》われています。

平安時代《へいあんじだい》に始《はじ》まり、江戸時代《えどじだい》に盛《さか》んに

「嘉祥《かじょう》」がいつ、どのようにして始《はじ》まったのかについては様々《さまざま》な言《い》い伝《つた》えがありますが、848年《ねん》、当時《とうじ》の天皇《てんのう》が神《かみ》のお告《つ》げを受《う》けて16種類《しゅるい》のお供《そな》え物《もの》(もちや果物《くだもの》など）を供《そな》え、はやり病《やまい》がこれ以上《いじょう》広《ひろ》がらないことを祈《いの》ったことが始《はじ》まりと言《い》われています。この時《とき》の元号《げんごう》から「嘉祥《かじょう》」と名付《なづ》けられました。

江戸時代《えどじだい》には、集《あつ》まった家来《けらい》たちに将軍《しょうぐん》が菓子《かし》を配《くば》る行事《ぎょうじ》が開《ひら》かれ、武士《ぶし》にとっても重要《じゅうよう》な日《ひ》とされました。当日《とうじつ》の6月《がつ》16日《にち》には、まんじゅうが588個《こ》、羊《よう》かんが970切《き》れ、きんとんが3,120個《こ》など、江戸城《えどじょう》の大広間《おおひろま》に20,684個《こ》もの菓子《かし》がしきつめられたとの記録《きろく》が残《のこ》っています。ちなみに、江戸幕府《えどばくふ》の2代《だい》将軍《しょうぐん》となった徳川秀忠《とくがわひでただ》の時代《じだい》までは、将軍《しょうぐん》が直接《ちょくせつ》家来《けらい》に菓子《かし》を渡《わた》していたのだそう。だから、儀式《ぎしき》が終《お》わっても、数日間《すうじつかん》は肩《かた》がいたかったというエピソードも残《のこ》っています。

日枝神社《ひえじんじゃ》で行《おこな》われる、嘉祥《かじょう》の日《ひ》の儀式《ぎしき》の様子《ようす》

江戸幕府《えどばくふ》が嘉祥《かじょう》を大切《たいせつ》にした理由《りゆう》

嘉祥《かじょう》がこれほど大切《たいせつ》にされたのには、江戸幕府《えどばくふ》を開《ひら》き、最初《さいしょ》の将軍《しょうぐん》となった徳川家康《とくがわいえやす》が、まだ若《わか》い頃《ころ》に敵《てき》の武田《たけだ》信玄《しんげん》と争《あらそ》った「三方ヶ原《みかたがはら》の戦《たたか》い」が関係《かんけい》していると言《い》われています。勝利《しょうり》を願《ねが》った家康《いえやす》は、とある神社《じんじゃ》で、裏側《うらがわ》に「16」と書《か》かれた「嘉定通宝《かじょうつうほう》」（中国《ちゅうごく》のお金《かね》）を拾《ひろ》います。嘉定通宝《かじょうつうほう》の文字《もじ》をちぢめると「嘉通《かつう》」、「かつ」という言葉《ことば》につながるため、自分《じぶん》は戦《たたか》いに勝《か》てると信《しん》じたのです。そんな家康《いえやす》に家来《けらい》は、まんじゅうや、羊《よう》かん、きんとんなどの６種類《しゅるい》の菓子《かし》を差《さ》し上《あ》げ、他《ほか》の家来《けらい》たちにも菓子《かし》が配《くば》られました。

結局《けっきょく》、家康《いえやす》はこの戦《たたか》いでは負《ま》けてしまうのですが、二度《にど》と同《おな》じ失敗《しっぱい》をくり返《かえ》さないよう自分《じぶん》をいましめました。家康《いえやす》が嘉祥《かじょう》を大切《たいせつ》にしたのも、大切《たいせつ》なことを学《まな》んだ三方ヶ原《みかたがはら》の戦《たたか》いにつながるからと考《かんが》えられています。

現代《げんだい》でも大切《たいせつ》な儀式《ぎしき》となっている嘉祥《かじょう》

江戸時代《えどじだい》、将軍家《しょうぐんけ》が大切《たいせつ》にした神社《じんじゃ》であり、「江戸三大祭《えどさんだいまつ》り」と呼《よ》ばれたお祭《まつ》り「山王祭《さんのうまつり》」を続《つづ》けている日枝神《ひえじん》社《じゃ》では、現在《げんざい》でも６月《がつ》16日《にち》に嘉祥《かじょう》の儀式《ぎしき》を行《おこな》っています。

江戸時代《えどじだい》から明治時代《めいじじだい》へ時代《じだい》が変《か》わると、嘉祥《かじょう》の儀式《ぎしき》は一度途絶《いちどとだ》えてしまいますが、1979年《ねん》６月《がつ》16日《にち》に「和《わ》菓子《がし》の日《ひ》」が制定《せいてい》されたことをきっかけに、ふたたび行《おこな》われるようになります。当日《とうじつ》は、地域《ちいき》を代表《だいひょう》する菓子《かし》の職《しょく》人《にん》が神様《かみさま》に練《ね》り切《き》りをお供《そな》えし、皆《みな》が病気《びょうき》にならずに健康《けんこう》でいられるように、そして和菓子《わがし》の文化《ぶんか》の繁栄《はんえい》を願《ねが》います。

2016年《ねん》の儀式《ぎしき》では、「切腹最中《せっぷくもなか》」という菓子《かし》が有名《ゆうめい》な「新正堂《しんしょうどう》」の４代目《だいめ》渡邉仁《わたなべひと》司《し》さんが練《ね》り切《き》りを奉納《ほうのう》しました

第《だい》2章《しょう》「季節《きせつ》の和菓子《わがし》ごよみ」の見方《みかた》

① 1月《がつ》から12月《がつ》までの月名《つきめい》と和名《わめい》です

② その月《つき》のころに登場《とうじょう》する(していた) 菓銘《かめい》(和菓子《わがし》の名前《なまえ》)の一例《れい》を紹介《しょうかい》しています

③ その月《つき》ごとの習《なら》わしや行事《ぎょうじ》を紹介《しょうかい》しています

④ 金沢《かなざわ》の老舗和菓子店《しにせわがしてん》「森八《もりはち》」で製造《せいぞう》されてきたその月《つき》にちなんだ上生菓子《じょうなまがし》です

⑤ その月《つき》のころに店頭《てんとう》に並《なら》ぶ代表的《だいひょうてき》な和菓子《わがし》を紹介《しょうかい》しています

⑥ 全国《ぜんこく》の祭事《さいじ》や催《もよお》しとそれにまつわる和菓子《わがし》について紹介《しょうかい》しています

⑦ 昔《むかし》の浮世絵《うきよえ》や本《ほん》に描《えが》かれている和菓子《わがし》について紹介《しょうかい》しています

第《だい》2章《しょう》

季節《きせつ》の和菓子《わがし》ごよみ

昔《むかし》の絵《え》に描《か》かれる和菓子《わがし》。全国《ぜんこく》のお祭《まつ》りや催《もよお》しに登場《とうじょう》する和菓子《わがし》などを月《つき》ごとに紹介《しょうかい》します

1月《がつ》 睦月《むつき》

縁起物《えんぎもの》で新年《しんねん》を祝《いわ》う。祝《いわ》いの席《せき》を華《はな》やかに

1月《がつ》は、それぞれの家庭《かてい》で正月《しょうがつ》にゆかりのある祝《いわ》いの行事《ぎょうじ》が行《おこな》われます。そんな席《せき》に相応《ふさわ》しい縁起《えんぎ》の良《よ》いものをかたどったお菓子《かし》が店頭《てんとう》に並《なら》びます。また一般的《いっぱんてき》なお茶会《ちゃかい》では、お茶《ちゃ》とお菓子《かし》がふるまわれますが、一年《いちねん》の始《はじ》めのお茶会《ちゃかい》では、花《はな》びらもちが用《もち》いられることが多《おお》いです。花《はな》びらもちは宮中《きゅうちゅう》（皇居《こうきょ》）で行《おこな》われていた長寿《ちょうじゅ》を願《ねが》う歯固《はがた》めの儀式《ぎしき》に由来《ゆらい》します。

菓銘《かめい》

うぐいすもち、初夢《はつゆめ》、宝船《たからぶね》、若葉《わかば》

（森八《もりはち》）

上生菓子《じょうなまがし》

左《ひだり》より「西王母《せいおうぼ》」「珠鶴《たまづる》」「葩餅《はなびらもち》」「松重《まつがさね》」「室《むろ》の梅《うめ》」

初《はつ》なすび

（大松屋本家《おおまつやほんけ》）

山形県鶴岡《やまがたけんつるおか》の町《まち》を訪《おとず》れた歌人《かじん》の芭蕉《ばしょう》の句「珍《めずら》しや 山《やま》をいで羽《は》の 初《はつ》なすび」から、和菓子店《わがしてん》・大松屋本家《おおまつやほんけ》の先代《せんだい》が名付《なづ》けた「初《はつ》なすび」。「一富士二《いちふじに》たか三《さん》なすび」ということわざがあるように、正月《しょうがつ》に相応《ふさわ》しい和菓子《わがし》です

花《はな》びらもち

もちに赤《あか》いひしもちを重《かさ》ねてあんとごぼうを包《つつ》んだ「花《はな》びらもち」。平安時代《へいあんじだい》、正月《しょうがつ》の宮中《きゅうちゅう》では長寿《ちょうじゅ》を願《ねが》ってかたいものを食《た》べる歯固《はがた》めの儀式《ぎしき》が行《おこな》われていました。明治時代《めいじじだい》、茶道《さどう》の裏千家《うらせんけ》の茶席《ちゃせき》で用《もち》いられたことから、一般《いっぱん》にも食《た》べられるようになりました

松本《まつもと》あめ市《いち》

［長野県松本市《ながのけんまつもとし》］

例年《れいねん》1月《がつ》の第《だい》2土日《どにち》に開催《かいさい》され、江《え》戸時代《どじだい》には「塩市《しおいち》」と呼《よ》ばれた歴史《れきし》あるイベントです。期間中《きかんちゅう》は数十万人《すうじゅうまんにん》が訪《おとず》れてにぎわいます。戦国時代《せんごくじだい》の武将《ぶしょう》、上杉謙信《うえすぎけんしん》と武田信玄《たけだしんげん》の「敵《てき》に塩《しお》を送《おく》る」という話《はなし》に由来《ゆらい》する「塩市《しおいち》」。ピンチに陥《おちい》った敵《てき》をあえて助《たす》けるということわざで、それが後《のち》に塩《しお》ガマス（塩《しお》がたくさん詰《つ》まった袋《ふくろ》）をかたどったあめを売《う》るように。上杉《うえすぎ》対《たい》武田《たけだ》のつな引《ひ》き、おみこしや太《たい》こ演奏《えんそう》などが行《おこな》われ、「中町《なかまち》・蔵《くら》シック館《かん》」では、「全《ぜん》国《こく》あめ博覧卸売会《はくらんおろしうりかい》」も開催《かいさい》されます。何十種類《なんじっしゅるい》ものあめが並《なら》べられ、あめ細工《ざいく》や福《ふく》あめの販売《はんばい》も行《おこな》われます。

昔《むかし》の絵《え》で見《み》てみよう

1月《がつ》15日《にち》の小正月《こしょうがつ》のころに、木《き》の枝《えだ》に紅白《こうはく》の団子《だんご》やもちを付《つ》けたもち花《はな》や、米《こめ》の粉《こな》を丸《まる》めてまゆに見立《みた》て柳《やなぎ》の枝《えだ》につるしたまゆ玉《だま》を飾《かざ》りました。豊作《ほうさく》を願《ねが》ったお正月《しょうがつ》の飾《かざ》りで小正月《こしょうがつ》が過《す》ぎると自宅《じたく》で焼《や》いて食《た》べていました

歌川国芳《うたがわくによし》「屠蘇機嫌三人生酔《とそきげんさんにんなまえい》」（国立国会図書館所蔵《こくりつこっかいとしょかんしょぞう》）

2月《がつ》 如月《きさらぎ》

節分《せつぶん》は豆《まめ》をまいて厄《やく》ばらい

節分《せつぶん》の日《ひ》は、「おには外《そと》、福《ふく》は内《うち》」と言《い》いながら全国《ぜんこく》各地《かくち》で豆《まめ》まきが行《おこな》われます。

昔《むかし》のこよみの「節分《せつぶん》」とは季節《きせつ》の分《わ》かれ目《め》を指《さ》しました。現在《げんざい》では2月《がつ》3日《か》を節分《せつぶん》としますが、昔《むかし》のこよみでは正月《しょうがつ》のころと重《かさ》なり重要《じゅうよう》な日《ひ》とされてきました。悪《わる》いおにや病気《びょうき》を追《お》い払《はら》う行事《ぎょうじ》は、中国《ちゅうごく》の古《ふる》い時代《じだい》に始《はじ》まり、平《へい》安《あん》時代《じだい》の宮中《きゅうちゅう》では大《おお》みそかに盛大《せいだい》に行《おこな》われていました。

(森八《もりはち》)

上生菓子《じょうなまがし》

左《ひだり》より「ときめき」「あん・オ・ショコラ」「曲水《きょくすい》」「春日和《はるびより》」「つくし」「つぼみ桜《ざくら》」

うぐいすもち

「ホーホケキョ」と春《はる》に鳴《な》くうぐいす。うぐいすもちは、あんを求肥《ぎゅうひ》でつつんで、うぐいす粉《こ》がまぶされています

節分福豆《せつぶんふくまめ》

京銘菓《きょうめいか》「夷川五色豆《えびすがわごしきまめ》」が有名《ゆうめい》な豆政《まめまさ》。節分《せつぶん》の頃《ころ》には様々《さまざま》な福豆《ふくまめ》が作《つく》られます

(豆政《まめまさ》)

菓銘《かめい》

早春《そうしゅん》、ふた葉《ば》、白梅《はくばい》、春日《しゅんじつ》、つばきもちなど

吉田神社《よしだじんじゃ》の節分祭《せつぶんさい》

［京都府京都市］

貞観元年《じょうがんがんねん》(859)、平安京《へいあんきょう》の守《まも》り神《がみ》として建《た》てられた吉田神社《よしだじんじゃ》は、厄《やく》よけ開運《かいうん》の神社《じんじゃ》として敬《うやま》われてきました。室町時代《むろまちじだい》から始《はじ》まった節分祭《せつぶんさい》は、毎年《まいとし》およそ50万人《まんにん》が訪《おとず》れ、盛大《せいだい》に行《おこな》われます。節分前後《せつぶんぜんご》の3日間《かかん》は神事《しんじ》が行《おこな》われ、前日当日《ぜんじつとうじつ》の2日間《かかん》は800店《てん》のろ店《てん》が並《なら》びます。

そんな吉田神社《よしだじんじゃ》の節分祭《せつぶんさい》の豆《まめ》を納《おさ》めているのが、明治《めいじ》17年《ねん》に創業《そうぎょう》の「豆政《まめまさ》」。初代《しょだい》政吉《まさきち》が作《つく》った「夷川五色豆《えびすがわごしきまめ》」は、宮中《きゅうちゅう》のお祝《いわ》いに用《もち》いられ町《まち》の人々《ひとびと》に愛《あい》されています。

昔《むかし》の絵《え》で見《み》てみよう

大奥《おおおく》では、年上《としうえ》の男性《だんせい》が豆《まめ》を用《もち》いて「万々歳《ばんばんざい》」などの文字《もじ》をたたみの上《うえ》に記《しる》し、各部屋《かくへや》を「福《ふく》は内《うち》」と大声《おおごえ》を出《だ》して歩《ある》き回《まわ》りました

楊州周延《ようしゅうちかのぶ》「千代田之大奥《ちよだのおおおく》　節分《せつぶん》」（国立国会図書館所蔵《こくりつこっかいとしょかんしょぞう》）

3月《がつ》 弥生《やよい》

女子《じょし》が主役《しゅやく》の桃《もも》の節句《せっく》 健《すこ》やかな成長《せいちょう》を願《ねが》う

桃《もも》の花《はな》が咲《さ》くころの3月《がつ》3日《か》のひな祭《まつ》りは、女《おんな》の子《こ》の一大《いちだい》イベント。おひな様《さま》を飾《かざ》って健《すこ》やかな成長《せいちょう》を願《ねが》います。ひな祭《まつ》りと言《い》えば、ひな段《だん》にも飾《かざ》られるひしもちやひなあられなどのお菓《か》子《し》。

この季節《きせつ》、平安時代《へいあんじだい》の宮中《きゅうちゅう》では草《くさ》もちを作《つく》って食《た》べる習慣《しゅうかん》があったと伝《つた》えられ、草《くさ》のにおいが悪《わる》い気《き》をはらうと考《かんが》えられていたそうです。

（森八《もりはち》）

上生菓子《じょうなまがし》

左《ひだり》より「スミレ」「橘《たちばな》」「おびな」「めびな」「桃《もも》の花《はな》」「水温《みずぬる》む」

ひちぎり

京《きょう》都《と》のひな祭《まつ》りで登場《とうじょう》するひちぎり。大勢《おおぜい》の来客《らいきゃく》があった宮中《きゅうちゅう》では、あまりの忙《いそが》しさにもちを丸《まる》めるひまがなくもちを“ひっちぎって”食《た》べたことに由来《ゆらい》すると言《い》います

江戸時代《えどじだい》、ひしもちをくだいて持参《じさん》して、子《こ》どもたちが人形《にんぎょう》で遊《あそ》んだことから始《はじ》まったと伝《つた》わります

ひなあられ

菓銘《かめい》

草《くさ》もち、残雪《ざんせつ》、雪解《ゆきげ》、ひしもち

しまばら"浪漫《ろまん》"ひなめぐりん

［長崎県島原市《ながさきけんしまばらし》］

2月前半《がつぜんはん》から3月前半《がつぜんはん》に行《おこな》われるイベントでは島原城観光復興記念館《しまばらじょうかんこうふっこうきねんかん》を主《しゅ》会場《かいじょう》に、7段飾《だんかざ》りや押絵《おしえ》びな、全国《ぜんこく》のかわりびななどが飾《かざ》られます。市内《しない》の商店街《しょうてんがい》や武家屋敷《ぶけやしき》、宿泊施設《しゅくはくしせつ》などにも展示《てんじ》され、様々《さまざま》なイベントも行《おこな》われます。

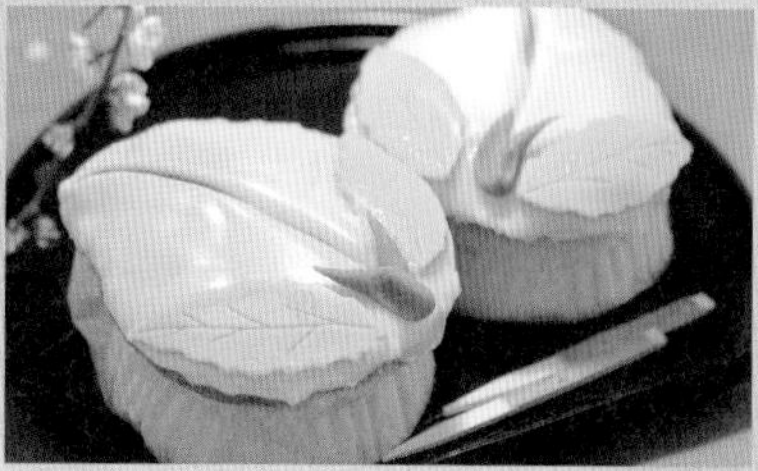

この時期《じき》に販売《はんばい》される「桃《もも》カステラ」は長崎県《ながさきけん》を代表《だいひょう》する伝統銘菓《でんとうめいか》で、カステラの上《うえ》に砂糖《さとう》と水《みず》あめを練《ね》り上《あ》げた「すりみつ」で桃《もも》を描《えが》いたもの。昔《むかし》ながらのそぼくな味《あじ》わいで、島原《しまばら》では初節句《はつぜっく》のお返《かえ》しとしてもおなじみ。会場《かいじょう》では市内《しない》の桃《もも》カステラが集《あつ》められます。

昔《むかし》の絵《え》で見《み》てみよう

江戸時代後期《えどじだいこうき》の裕福《ゆうふく》な家庭《かてい》でのひな祭《まつ》りの様子《ようす》で、にぎやかだったことがうかがえます。ひな段《だん》には、ひしもちがかざられています

歌川国貞《うたがわくにさだ》『風流古今十二月之内《ふうりゅうここんじゅうにがつのうち》　弥生《やよい》』文政《ぶんせい》10年《ねん》～嘉永期《かえいき》（豊橋市二川宿本陣資料館所蔵《とよはししふたがわじゅくほんじんしりょうかんしょぞう》）

4月《がつ》 卯月《うづき》

行楽《こうらく》シーズンの始《はじ》まり 桜《さくら》もちに花見団子《はなみだんご》

桃《もも》の節句《せっく》が過《す》ぎたら、南《みなみ》から順《じゅん》に桜《さくら》が開花《かいか》していきます。日本中《にほんじゅう》がピンク色《いろ》に染《そ》められるこの季節《きせつ》、桜《さくら》にちなんだ和菓子《わがし》も多《おお》く登場《とうじょう》します。その代表《だいひょう》と言えば「桜《さくら》もち」でしょう。そして、花《はな》見《み》の定番《ていばん》と言《い》えばピンク、白《しろ》、緑《みどり》の三色団子《さんしょくだんご》。桃《もも》や桜《さくら》など春《はる》のイメージカラーであるピンク、そして若葉《わかば》や新緑《しんりょく》を思《おも》わせる緑色《みどりいろ》が、花見気分《はなみきぶん》を盛《も》り上《あ》げてくれます。

(森八《もりはち》)

上生菓子《じょうなまがし》

左《ひだり》より「桜《さくら》」「みつば」「春時雨《はるしぐれ》」「青陽《せいよう》」「片栗《かたくり》の野《の》」「山桜《やまざくら》」

桜《さくら》もち

江戸時代《えどじだい》、隅田川《すみだがわ》沿《ぞ》いの長命寺《ちょうめいじ》で誕生《たんじょう》したのが始《はじ》まり。水《みず》で溶《と》いた小麦粉《こむぎこ》を薄《うす》く焼《や》いた生地《きじ》の中《なか》にあんを入《い》れ、塩漬《しおづ》けの桜《さくら》の葉《は》で包《つつ》んでいます。関西風《かんさいふう》は写真《しゃしん》のように、うるち米《まい》の粒《つぶ》が残《のこ》った道《どう》明寺《みょうじ》もちを用《もち》いたタイプが主流《しゅりゅう》です

花見団子《はなみだんご》といえばピンク、白《しろ》、緑《みどり》の三色《さんしょく》の団子《だんご》が定番《ていばん》。江戸時代《えどじだい》に誕生《たんじょう》した風流《ふうりゅう》な団子《だんご》です

三色団子《さんしょくだんご》

菓銘《かめい》

わらびもち、菜《な》の花《はな》、吉野《よしの》、一人静《ひとりしずか》、若桜《わかざくら》、桜月夜《さくらづきよ》、卯月《うづき》

隅田川《すみだがわ》のお花見《はなみ》
［東京都墨田区《とうきょうとすみだく》］

東京《とうきょう》の花見《はなみ》の名所《めいしょ》はなんといっても隅田川《すみだがわ》。その歴史《れきし》は8代将軍《だいしょうぐん》・徳川吉宗《とくがわよしむね》が堤《つつみ》に桜《さくら》を植《う》えて庶民《しょみん》に憩《いこ》いの場《ば》を提供《ていきょう》したことに始《はじ》まります。実《じつ》は、花見客《はなみきゃく》がたくさん集《あつ》まることで堤《つつみ》を踏《ふ》み固《かた》め、強度《きょうど》を高《たか》める目的《もくてき》もあったとか。

現在《げんざい》、両岸《りょうがん》は「隅田公園《すみだこうえん》」となっており、台東区側《たいとうくがわ》・墨田区側《すみだくがわ》、それぞれで桜《さくら》まつりが開催《かいさい》されています。江戸末期《えどまっき》創業《そうぎょう》の「言問団子《ことといだんご》」は隅田川《すみだがわ》からすぐ近《ちか》くの向島《むこうじま》の老舗《しにせ》。桜《さくら》まつりでは名物《めいぶつ》の団子《だんご》が墨田区《すみだく》と墨田区観光《すみだくかんこう》協会《きょうかい》が出店《しゅってん》するブースでも販売《はんばい》されます。

昔《むかし》の絵《え》で見《み》てみよう

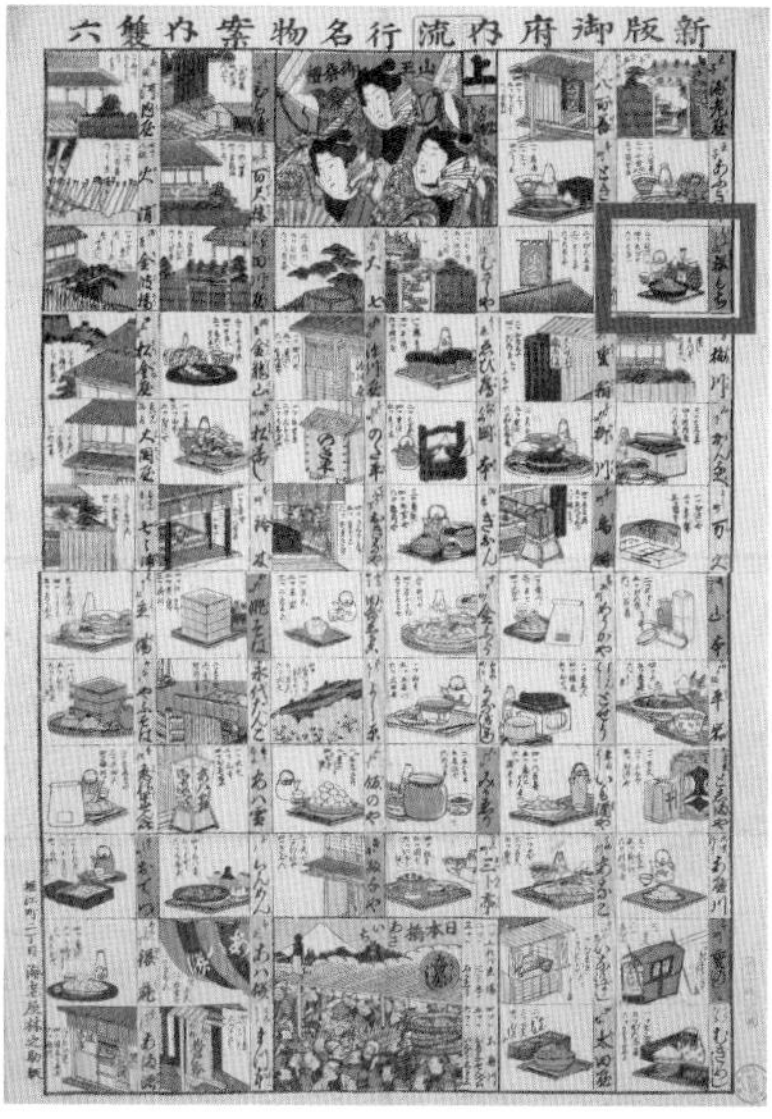

江戸時代《えどじだい》には多《おお》くの絵双六《えすごろく》が作成《さくせい》されました。こちらは江戸時代後期《えどじだいこうき》に作成《さくせい》されたもので、江戸《えど》の町《まち》で人気《にんき》の食《た》べ物《もの》や飲食店《いんしょくてん》が紹介《しょうかい》されています。そのうちの一《ひと》つのコマに桜《さくら》もちの絵《え》とともに「むこうじま　桜《さくら》もち」と描《えが》かれています

一英斎芳艶《いちえいさいよしつや》「新版御府内流行名物案内双六《しんぱんごふないりゅうこうめいぶつあんないすごろく》」
（部分《ぶぶん》／国立国会図書館所蔵《こくりつこっかいとしょかんしょぞう》）

5月《がつ》 皐月《さつき》

こいのぼりが泳《およ》ぎ 初夏《しょか》の風《かぜ》がさわやか

風《かぜ》が心地《ここち》よいさわやかな季節《きせつ》が訪《おとず》れました。暑《あつ》くもなく寒《さむ》くもなく、一年《いちねん》で最《もっと》も過《す》ごしやすい季節《きせつ》と言《い》えるでしょう。5月《がつ》の和菓子《わがし》は、子《こ》どもの成長《せいちょう》を願《ねが》う「端午《たんご》の節句《せっく》」に欠《か》かせない「柏《かしわ》もち」と「ちまき」です。端午《たんご》の節句《せっく》は中国《ちゅうごく》から伝《つた》わったもので、ちまきも中国《ちゅうごく》の昔話《むかしばなし》にちなむもの。一方《いっぽう》、柏《かしわ》もちは家系《かけい》の繁栄《はんえい》を願《ねが》う日本《にほん》の風習《ふうしゅう》です。

（森八《もりはち》）

上生菓子《じょうなまがし》

左《ひだり》より「あやめ」「春雷《しゅんらい》」「水紋《すいもん》」「早苗《さなえ》」「ひごい」「感謝《かんしゃ》をこめて」

柏《かしわ》もち

柏《かしわ》は新芽《しんめ》が出《で》るまでは古《ふる》い葉《は》を落《お》とさないことから、家《いえ》が途絶《とだ》えない縁起物《えんぎもの》として好《この》まれました。柏《かしわ》もちが作《つく》られるようになったのは江戸時代《えどじだい》のことです

ちまき

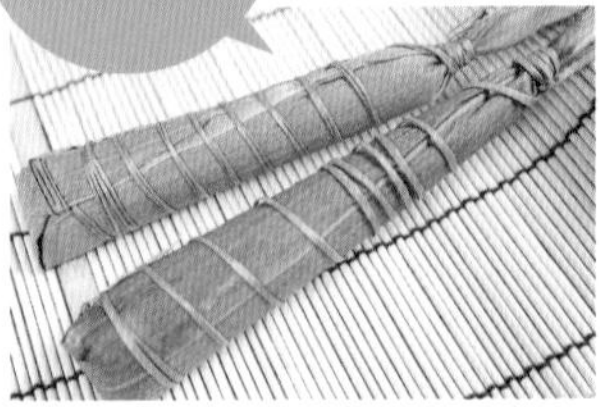

中国《ちゅうごく》の戦国時代《せんごくじだい》、楚《そ》の国《くに》の国王《こくおう》・屈原《くつげん》の話《はなし》にちなむ菓子《かし》です。湖《みずうみ》に身《み》を投《な》げた屈原《くつげん》の命日《めいにち》に、村人《むらびと》がお供《そな》え物《もの》を投《な》げ入《い》れました。ある時《とき》、村人《むらびと》の夢《ゆめ》に屈原《くつげん》が現《あらわ》れ、湖《みずうみ》に住《す》む龍《りゅう》に供《そな》え物《もの》を横取《よこど》りされると訴《うった》えました。以来《いらい》、葉《は》で巻《ま》いて投《な》げるようになったと言《い》います

菓銘《かめい》

柏《かしわ》もち、山藤《やまふじ》、富貴草《ふっきそう》、山吹《やまぶき》、若草《わかくさ》、花《はな》しょうぶ

粽祭《ちまきまつり》

［大阪府堺市《おおさかふさかいし》］

大阪府《おおさかふ》堺市《さかいし》の方違神社《ほうちがいじんじゃ》では、神功皇后《じんぐうこうごう》が「方違《かたたがえ》の祓《はらえ》」を行《おこな》った話《はなし》にちなみ、毎年《まいとし》5月《がつ》31日《にち》に大祭《たいさい》が行《おこな》われます。「方違《かたたがえ》の祓《はらえ》」とは、方角《ほうがく》が悪《わる》いとされる目的地《もくてきち》に向《む》かう場合《ばあい》、いったん別《べつ》の地《ち》に寄《よ》り道《みち》することで災《わざわ》いを避《さ》ける風習《ふうしゅう》のことです。方違神社《ほうちがいじんじゃ》ではこの大祭《たいさい》で、ちまきを神前《しんぜん》に供《そな》える神事《しんじ》が行《おこな》われます。

コモという植物《しょくぶつ》の葉《は》で土《つち》を包《つつ》んだちまきには、方位《ほうい》から来《く》る災《わざわ》いから逃《のが》れることができるご利益《りやく》があり、引越《ひっこ》しや旅行《りょこう》などの悪《わる》い方位《ほうい》を除《のぞ》き去《さ》ることができると言《い》われています。

昔《むかし》の絵《え》で見《み》てみよう

歌川広重《うたがわひろしげ》の人気《にんき》シリーズ『東海道五十三次《とうかいどうごじゅうさんつぎ》』の一枚《いちまい》で、現在《げんざい》の愛知県豊橋市《あいちけんとよはしし》あたりを描《えが》いたもの。街道沿《かいどうぞ》いには柏《かしわ》もちが人気《にんき》の茶屋《ちゃや》があり、「名物《めいぶつ》かしわ餅《もち》」の看板《かんばん》が描《えが》かれています

歌川広重《うたがわひろしげ》「東海道五拾三次《とうかいどうごじゅうさんつぎ》 二川《ふたがわ》 猿ケ馬場《さるがばば》」（国立国会図書館所蔵《こくりつこっかいとしょかんしょぞう》）

6月《がつ》 水無月《みなづき》

菓銘《かめい》

水羊《みずよう》かん、氷室《ひむろ》、さみだれ、深見草《ふかみぐさ》、あじさい、木目流《もくめなが》し

梅雨《つゆ》の季節《きせつ》に災難《さいなん》をはらう

ジメジメとした日《ひ》が続《つづ》きますが、米作《こめづく》りには大切《たいせつ》な雨《あめ》が降《ふ》る季節《きせつ》。6月《がつ》30日《にち》に神社《じんじゃ》で行《おこな》われる「夏越《なごし》の祓《はらえ》」は、1年《ねん》の半分《はんぶん》の災《わざわ》いをはらい清《きよ》め、残《のこ》り半年《はんとし》、病気《びょうき》をせずに元気《げんき》で過《す》ごすことができるよう祈《いの》る意味《いみ》が込《こ》められています。この時季《じき》の和菓《わが》子《し》は梅《うめ》やあじさいなどの季《き》節《せつ》の植物《しょくぶつ》をかたどったものや、夏越《なごし》の祓《はらえ》にちなんだものが作《つく》られます。

（森八《もりはち》）

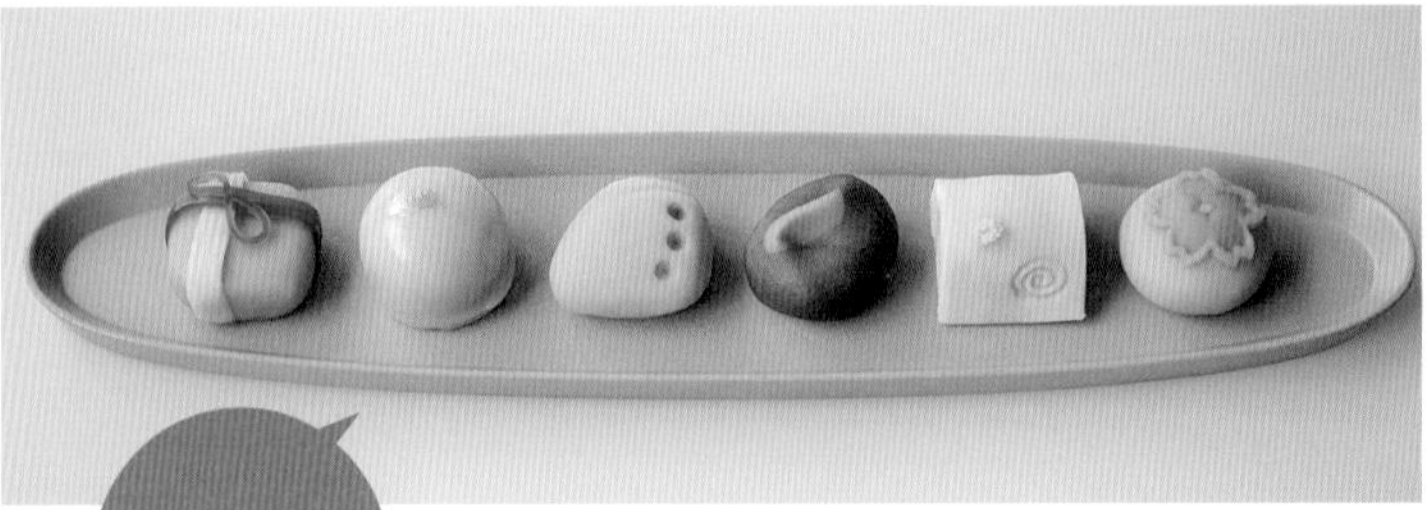

上生菓子《じょうなまがし》

左《ひだり》より「贈《おく》り物《もの》」「あん・オ・ショコラ・ホワイト」「蝶《ちょう》」「宵桜《よいざくら》」「春《はる》の水辺《みずべ》」「吉野桜《よしのざくら》」

水無月《みなづき》

明治時代以降《めいじじだいいこう》、この時季《じき》に主《おも》に京都《きょうと》で食《た》べられる菓子《かし》。三角形《さんかくけい》をしており、下《した》はういろう生地《きじ》。上《うえ》に乗《の》っている小豆《あずき》には邪気《じゃき》をはらう意味《いみ》がこめられています

氷室《ひむろ》まんじゅう

江戸時代《えどじだい》の金沢《かなざわ》(石川県《いしかわけん》) では、加賀藩《かがはん》は旧暦《きゅうれき》6月《がつ》1日《たち》に、氷室《ひむろ》(雪《ゆき》や氷《こおり》を夏《なつ》まで保管《ほかん》する場所《ばしょ》)の氷《こおり》を幕府《ばくふ》に献上《けんじょう》していました。江戸《えど》まで無事《ぶじ》に氷《こおり》が届《とど》くようにと供《そな》えられたのが氷室《ひむろ》まんじゅう。その風習《ふうしゅう》が今《いま》も伝《つた》えられ、無病息災《むびょうそくさい》を願《ねが》い食《た》べられるようになりました

福徳嘉祥祭《ふくとくかじょうさい》

［東京都中央区］

「嘉祥祭《かじょうさい》」は菓子《かし》やもちを神前《しんぜん》に供《そな》えて健康《けんこう》や福《ふく》を願《ねが》う神事《しんじ》。東京《とうきょう》では赤坂《あかさか》の日枝神社《ひえじんじゃ》の嘉祥祭《かじょうさい》が有名《ゆうめい》ですが(P27)、日本橋《にほんばし》の福徳神社《ふくとくじんじゃ》でも毎年《まいとし》6月《がつ》に行《おこな》われています。2014年《ねん》に社殿《しゃでん》を新《あたら》しくした福徳神社《ふくとくじんじゃ》では、2018年《ねん》にこの祭《まつ》りが始《はじ》まり、となりにある商業施設《しょうぎょうしせつ》「COREDO《コレド》室町《むろまち》3」内《ない》の「鶴屋吉信東京店《つるやよしのぶとうきょうみせ》」など数店舗《すうてんぽ》が福徳神社《ふくとくじんじゃ》に和菓子《わがし》を納《おさ》めています。期間中《きかんちゅう》、COREDO《コレド》室町《むろまち》では和菓子《わがし》フェアを開催《かいさい》。神社周辺《じんじゃしゅうへん》の店舗《てんぽ》にて、買《か》い物《もの》をした人《ひと》には「嘉祥祭《かじょうさい》の御朱印《ごしゅいん》」を配布《はいふ》しています。

昔《むかし》の絵《え》で見《み》てみよう

旧暦《きゅうれき》6月《がつ》16日《にち》、江戸城《えどじょう》で行《おこな》われた嘉祥《かじょう》の儀式《ぎしき》の様子《ようす》を描《えが》いた錦絵《にしきえ》。大名《だいみょう》・旗本《はたもと》が江戸城《えどじょう》の大広間《おおひろま》に集《あつ》まり、将軍《しょうぐん》から菓子《かし》をいただいたといいます

楊州周延《ようしゅうちかのぶ》「千代田之御表《ちよだのおんおもて》　六月十六日嘉祥ノ図《ろくがつじゅうろくにちかじょうのず》」（国立国会図書館所蔵《こくりつこっかいとしょかんしょぞう》）

7月《がっ》 文月《ふみづき》

五節句《ごせっく》の一《ひと》つ、七夕《たなばた》に天皇《てんのう》にささげた菓子《かし》

平安時代《へいあんじだい》、七夕《たなばた》の日《ひ》に天皇《てんのう》にささげられた、中国伝来《ちゅうごくでんらい》の唐菓子《からくだもの》が「さくべい」（P9）です。小麦《こむぎ》や米粉《こめこ》、塩《しお》などからなる生地《きじ》をあげた菓子《かし》で、ツタを編《あ》んだような見《み》た目《め》をしていたそう。ちなみに、現在《げんざい》のような七夕祭《たなばたまつ》りが始《はじ》まったのは江戸時代《えどじだい》。中国《ちゅうごく》の「織姫《おりひめ》と彦星《ひこぼし》の伝説《でんせつ》」に裁《さい》ほうの上達《じょうたつ》を神仏《しんぶつ》に祈《いの》る行《ぎょう》事《じ》などが結《むす》びついたと伝《つた》わります。

（森八《もりはち》）

上生菓子《じょうなまがし》

左《ひだり》より「天《あま》の川《がわ》」「撫子《なでしこ》」「日輪草《にちりんそう》」「雨景色《あまげしき》」

若《わか》あゆ

夏《なつ》の風物詩《ふうぶつし》・あゆの姿《すがた》をした「若《わか》あゆ」は、カステラ生地《きじ》などで求肥《ぎゅうひ》やあんを挟《はさ》んだ菓子《かし》。店《みせ》ごとに異《こと》なるあゆの表情《ひょうじょう》や形《かたち》にも注目《ちゅうもく》したいところです。あゆ漁《りょう》が解禁《かいきん》される6月《がつ》から7月《がつ》ごろにかけて販売《はんばい》されます

江戸時代《えどじだい》、季節《きせつ》の変《か》わり目《め》となる土用《どよう》（立《りっ》春《しゅん》・立夏《りっか》・立秋《りっしゅう》・立冬《りっとう》の前《まえ》の18日間《にちかん》）にはうなぎをはじめとする栄養《えいよう》のある食《た》べ物《もの》が好《この》まれました。その一《ひと》つが土用《どよう》もち（あんころもち）。小豆《あずき》の栄養価《えいようか》の高《たか》さが好《この》まれたのでしょう

土用《どよう》もち

菓銘《かめい》

せせらぎ、浮《う》き草《くさ》、夏木立《なつこだち》、常夏《とこなつ》、京鹿《きょうか》の子《こ》、山鉾《やまぼこ》

祇園祭

［京都府京都市］

夏《なつ》の京都《きょうと》を彩《いろど》る、祇園祭《ぎおんまつり》。7月《がつ》の1カ月間《かげつかん》にわたって行《おこな》われ、日本三大祭《にほんさんだいまつ》りの一《ひと》つにも数《かぞ》えられています。7月《がつ》14日《か》から3日間《かかん》におよぶ宵山《よいやま》や、同《どう》17日《にち》・24日《か》に行《おこな》われる山鉾巡行《やまぼこじゅんこう》、同《おな》じく17日《にち》・24日《か》に行《おこな》われる神輿渡御《みこしとぎょ》など様々《さまざま》な神事《しんじ》・行事《ぎょうじ》が実施《じっし》されます。京都《きょうと》の街《まち》が大《おお》いににぎわいます。

祭《まつ》りの期間中《きかんちゅう》、市内《しない》の和菓子店《わがしてん》の中《なか》には、山鉾《やまぼこ》や八坂神社《やさかじんじゃ》の紋《もん》など祇園祭《ぎおんまつり》にまつわるデザインの菓子《かし》を販売《はんばい》する店《みせ》も多《おお》いので、様々《さまざま》な店《みせ》をめぐってこの時《じ》期《き》だけの菓子《かし》と巡《めぐ》り合《あ》うのも楽《たの》しいでしょう。

（京菓子処《きょうかしどころ》 鼓月《こげつ》）

昔《むかし》の絵《え》で見《み》てみよう

旧暦《きゅうれき》7月《がつ》26日《にち》には、月光《げっこう》のなかに阿弥陀如来《あみだにょらい》・観音菩薩《かんのんぼさつ》・勢至菩薩《せいしぼさつ》という三尊《さんぞん》が現《あらわ》れるとされ、それを拝《おが》むための「二十六夜待《にじゅうろくやま》ち」が行《おこな》われました。その様子《ようす》を描《えが》いた浮世絵《うきよえ》には、すしやそばの屋《や》台《たい》とともに団子《だんご》の屋台《やたい》も描《えが》かれています

歌川広重《うたがわひろしげ》「東都名所《とうとめいしょ》 高輪廿六夜待遊興之図《たかなわにじゅうろくやまちゆうきょうのず》」（山口県立萩美術館《やまぐちけんりつはぎびじゅつかん》・浦上記念館所蔵《うらがみきねんかんしょぞう》）

8月《がつ》 葉月《はづき》

甘味《かんみ》が貴重《きちょう》な時代《じだい》 お盆《ぼん》には落雁《らくがん》を

夏祭《なつまつ》りや花火大会《はなびたいかい》、お盆《ぼん》など行事《ぎょうじ》が多《おお》い8月《がつ》。先祖《せんぞ》の供養《くよう》をするお盆《ぼん》は、もともと旧暦《きゅうれき》の7月《がつ》15日《にち》に行《おこな》われていましたが、現在《げんざい》は8月《がつ》に行《おこな》う地域《ちいき》も多《おお》くあります。

お盆《ぼん》には、季節《きせつ》の農作物《のうさくぶつ》に加《くわ》え、ご飯《はん》やもち、団子《だんご》が供《そな》えられます。落雁《らくがん》を供《そな》えるのは、甘味《かんみ》が貴重《きちょう》なぜいたく品《ひん》だったことから、大切《たいせつ》な先祖《せんぞ》に供《そな》えたためと伝《つた》わります。

（森八《もりはち》）

上生菓子《じょうなまがし》

左《ひだり》より「遠花火《とおはなび》」「桔梗《ききょう》」「向日葵《ひまわり》」「玉芙蓉《たまふよう》」

錦玉《きんぎょく》かん

暑《あつ》さ厳《きび》しいこの時季《じき》は、見《み》た目《め》も涼《すず》やかな菓子《かし》が好《この》まれます。寒天《かんてん》に砂糖《さとう》や水《みず》あめ、練《ね》り切《き》りなどを入《い》れて煮詰《につ》めたのち、型《かた》に流《なが》し込《こ》んで冷《ひ》やし固《かた》めた錦玉《きんぎょく》かんはその代表格《だいひょうかく》です

くずまんじゅう

くず粉《こ》に砂糖《さとう》などを加《くわ》えた生地《きじ》であんを包《つつ》み込《こ》んだくずまんじゅうも、暑《あつ》い季節《きせつ》にこそ食《た》べたい菓《か》子《し》。くずの名産地《めいさんち》である奈良県《ならけん》の吉野《よしの》にちなみ、「吉野《よしの》まんじゅう」とも呼《よ》ばれます

菓銘《かめい》

玉《たま》の井《い》、空《うつ》せみ、寒氷《かんこおり》、水《みず》ぼたん、玉笹《たまざさ》、うば玉《たま》

たのもさん
［広島県廿日市市］

米《こめ》の収穫期《しゅうかくき》を目前《もくぜん》に控《ひか》えた旧暦《きゅうれき》8月《がつ》1日《たち》は「八朔《はっさく》」と呼《よ》ばれ、田《た》に稲《いね》が実《みの》ったことへの感謝《かんしゃ》と豊作《ほうさく》を祈願《きがん》する重要《じゅうよう》な一日《いちにち》でした。世界遺産《せかいいさん》・嚴島神社《いつくしまじんじゃ》で知《し》られる宮島《みやじま》では、八朔《はっさく》の日《ひ》には全長《ぜんちょう》60cmほどの木船《きぶね》に家族《かぞく》の人数分《にんずうぶん》のしん粉細工《こざいく》（うるち米《まい》を乾燥《かんそう》させた粉《こな》を水《みず》でこねて蒸《む》し、形《かたち》にしたもの）の人形《にんぎょう》や犬《いぬ》を乗《の》せ、海《うみ》に流《なが》す風習《ふうしゅう》が今《いま》も行《おこな》われています。かつては、対岸《たいがん》で拾《ひろ》い上《あ》げられた船《ふね》は、縁起物《えんぎもの》として田畑《たはた》に供《そな》えられたと言《い》います。

写真提供《しゃしんていきょう》：一般社団法人《いっぱんしゃだんほうじん》 宮島観光協会《みやじまかんこうきょうかい》

昔《むかし》の絵《え》で見《み》てみよう

しん粉《こ》に色《いろ》を付《つ》け、動物《どうぶつ》や花々《はなばな》の形《かたち》に成型《せいけい》するしん粉細工師《こざいくし》は江戸時代後期《えどじだいこうき》の文化年間《ぶんかねんかん》（1804～1818）に登場《とうじょう》したといわれ、縁日《えんにち》などの見世物《みせもの》としても人気《にんき》になりました

清水晴風《しみずせいふう》「世渡風俗圖會《よわたりふうぞくずえ》」（国立国会図書館所蔵《こくりつこっかいとしょかんしょぞう》）6巻《かん》より「しん粉細工《こざいく》の鍬吉《くわきち》」

9月《がつ》 長月《ながつき》

喜《よろこ》び溢《あふ》れる収穫期《しゅうかくき》 名月《めいげつ》に感謝《かんしゃ》を

旧暦《きゅうれき》8月《がつ》15日《にち》(現在《げんざい》の9月中旬《がつちゅうじゅん》～下旬《げじゅん》)の満月《まんげつ》は「十五夜《じゅうごや》」と呼《よ》ばれ、日本人《にほんじん》は古来《こらい》よりこの名月《めいげつ》を楽《たの》しんできました。

月見《つきみ》の際《さい》に楽《たの》しむ菓子《かし》といえば、もちろん月見団子《つきみだんご》。本来《ほんらい》は農村《のうそん》の行事《ぎょうじ》で、米《こめ》の収穫《しゅうかく》を間近《まぢか》に控《ひか》えたこの時期《じき》に、稲作《いなさく》を守護《しゅご》する神《かみ》である作神様《さくがみさま》に見立《みた》てた〝お月様《つきさま》〟に感謝《かんしゃ》を込《こ》めて供《そな》えたのがその由来《ゆらい》とされます。

(森八《もりはち》)

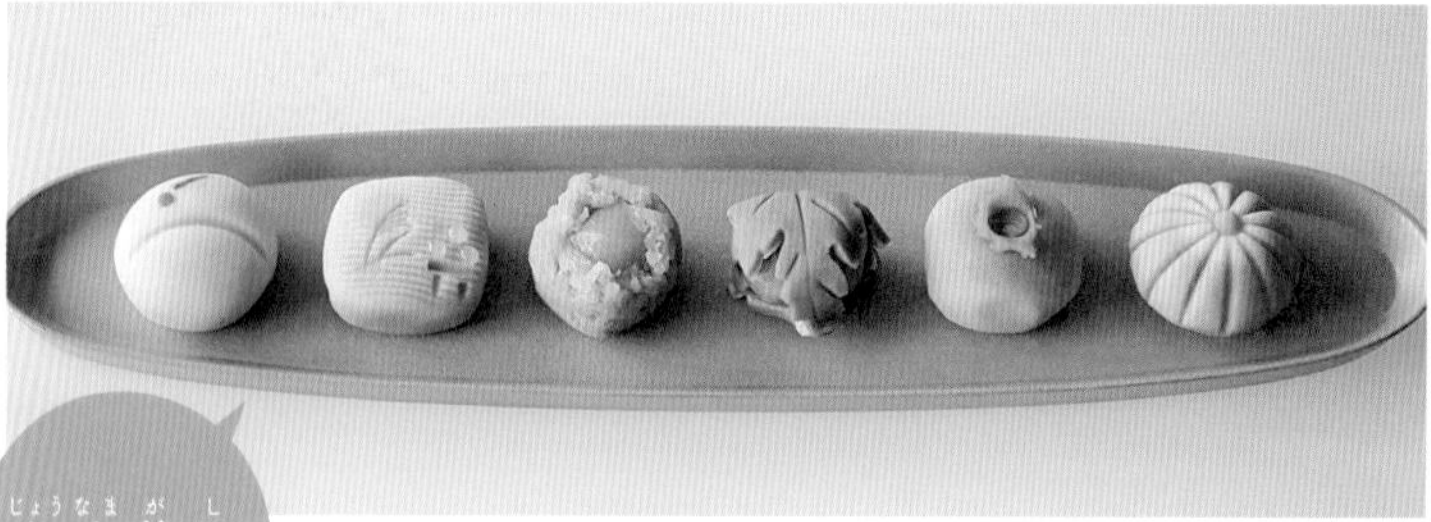

上生菓子《じょうなまがし》

左《ひだり》より「うさぎ」「月見月《つきみづき》」「山路《やまじ》」「一葉《ひとは》」「秋《あき》のおとずれ」「姫菊《ひめぎく》」

月見団子《つきみだんご》

お月見《つきみ》のお供《そな》え物《もの》と言《い》えば、ススキと月見団子《つきみだんご》。江戸時代《えどじだい》の随筆《ずいひつ》『守貞謾稿《もりさだまんこう》』によれば、江戸《えど》は丸形《まるがた》、関西《かんさい》ではとがった形《かたち》にして三方《さんぼう》という台《だい》に乗《の》せお供《そな》えしたそうです

(榮太樓總本鋪《えいたろうそうほんぽ》)

月見《つきみ》うさぎ

十五夜《じゅうごや》を迎《むか》える9月《がつ》にはじょうよまんじゅうをうさぎに見立《みた》てた愛《あい》らしいまんじゅうが店頭《てんとう》に並《なら》びます。(榮太樓總本鋪《えいたろうそうほんぽ》の「月見《つきみ》うさぎ」)

菓銘《かめい》

初秋《しょしゅう》、秋香《あきのか》、みのり、重《かさ》ね菊《ぎく》、菊《きく》まんじゅう、くりまんじゅう

観月祭《かんげつさい》
〔大阪府大阪市〕

9月《がつ》には全国各地《ぜんこくかくち》の神社《じんじゃ》で「観月祭《かんげつさい》」が行《おこな》われます。全国《ぜんこく》に約《やく》2300余《あま》りある住《すみ》吉神社《よしじんじゃ》の総本社《そうほんしゃ》であり、和歌《わか》の神様《かみさま》である住吉大神《すみよしのおおかみ》をまつる住吉大社《すみよしたいしゃ》では、反橋《そりはし》の上《うえ》で秋《あき》の七草《ななくさ》や月見団子《つきみだんご》が供《そな》えられた後《あと》、全《ぜん》国《こく》から応募《おうぼ》された和歌《わか》の中《なか》から入選歌《にゅうせんか》を神職《しんしょく》が古式《こしき》の作法《さほう》に従《したが》って発表《はっぴょう》します。その後《あと》、古《ふる》くから伝《つた》わる住吉踊《すみよしおどり》や舞《まい》がけん上《じょう》されます。朱色《しゅいろ》の反橋《そりはし》の向《む》こうにはゆっくりと昇《のぼ》る満月《まんげつ》。境内《けいだい》の茶席《ちゃせき》で月見団子《つきみだんご》を味《あじ》わいましょう。

昔《むかし》の絵《え》で見《み》てみよう

江戸《えど》でも特《とく》に月見《つきみ》の名所《めいしょ》とされた高輪《たかなわ》で、月見《つきみ》を楽《たの》しむ3人《にん》の女性《じょせい》。右側《みぎがわ》には三方《さんぼう》に供《そな》えられた月見団子《つきみだんご》が、左側《ひだりがわ》にはススキを持《も》った女性《じょせい》が描《えが》かれています

歌川豊国《うたがわとよくに》「東都名所遊観《とうとめいしょゆうかん》 葉月高輪《はづきたかなわ》」（国立国会図書館所蔵《こくりつこっかいとしょかんしょぞう》）

10月《がつ》 神無月《かんなづき》

里《さと》や山《やま》の実《みの》り 豊作《ほうさく》に感謝《かんしゃ》する

「実《みの》りの秋《あき》」が訪《おとず》れました。江戸《えど》時代《じだい》前期《ぜんき》の小説家《しょうせつか》・俳人《はいじん》である井原西鶴《いはらさいかく》の言葉《ことば》では、「とにかく女《おんな》の好《この》むもの、芝居《しばい》、浄瑠璃《じょうるり》、芋蛸南瓜《いもたこなんきん》」が有名《ゆうめい》ですが、今《いま》では「いも、くり、南瓜《なんきん》」とも言《い》われています。

この季節《きせつ》になると、菓子《かし》の世界《せかい》でも収穫《しゅうかく》の時期《じき》を迎《むか》える栗《くり》を使《つか》った「くりきんとん」や「むらすずめ」などが登場《とうじょう》し秋《あき》の訪《おとず》れを感《かん》じさせます。

（森八《もりはち》）

上生菓子《じょうなまがし》

左《ひだり》より「初雁《はつかり》」「竜田川《たつたがわ》」「実《みの》りの秋《あき》」「栗鹿《くりか》の子《こ》」「梢《こずえ》の錦《にしき》」「玉菊《たまぎく》」

くりきんとん

岐阜県《ぎふけん》中津川市《なかつがわし》や恵那市《えなし》が発祥《はっしょう》とされるくりきんとん。江戸時《えどじ》代《だい》の五街道《ごかいどう》のひとつ、中山道《なかせんどう》をゆく旅人《たびびと》をもてなすために生《う》まれ、江戸時代後期《えどじだいこうき》にお茶菓子《ちゃがし》として発展《はってん》したと言《い》われています

むらすずめ

豊穣《ほうじょう》の象徴《しょうちょう》でもある稲穂《いなほ》をモチーフにした菓子《かし》も多《おお》くあります。岡山県倉敷《おかやまけんくらしき》市《し》の伝統銘菓《でんとうめいか》「むらすずめ」は、稲穂《いなほ》の色《いろ》と豊穣《ほうじょう》を願《ねが》う踊《おど》り手《て》の編《あ》み笠《がさ》の形《かたち》から考案《こうあん》されました

菓銘《かめい》

嵯峨野《さがの》、初霜《はつしも》、菊重《きくがさ》ね、琥珀《こはく》、菊水巻《きくすいかん》、黄身素麺《きみそうめん》

長崎《ながさき》くんち

［長崎県長崎市］

国《くに》の重要無形民俗文化財《じゅうようむけいみんぞくぶんかざい》に指定《してい》されている「長崎《ながさき》くんち」は、長崎《ながさき》の氏神《うじがみ》、諏《す》訪《わ》神社《じんじゃ》の秋《あき》の大祭《たいさい》です。寛永《かんえい》11年《ねん》(1634)に二人《ふたり》の遊女《ゆうじょ》が神社《じんじゃ》の前《まえ》で「小舞《こまい》」を奉納《ほうのう》したことが始《はじ》まりとされ、今《いま》では毎年《まいとし》10月《がつ》7・8・9日に神輿《みこし》と奉納踊《ほうのうおど》りが長崎《ながさき》の街《まち》を練《ね》り歩《ある》きます。各家《かくいえ》では、10月《がつ》3日《か》の夕方《ゆうがた》から演《だ》し物《もの》の衣装《いしょう》や楽器《がっき》を飾《かざ》り、出演者《しゅつえんしゃ》に贈《おく》られたお祝《いわ》いの品《しな》を並《なら》べて披露《ひろう》する「庭見世《にわみせ》」を行《おこな》います。その庭見世《にわみせ》を飾《かざ》るのがお花菓子《はながし》。砂糖細工《さとうざいく》の有平糖《あるへいとう》が雲平《うんぺい》という干菓子《ひがし》の細工技術《さいくぎじゅつ》と融合《ゆうごう》して進化《しんか》した長崎独自《ながさきどくじ》の伝統菓子《でんとうかし》です。

写真提供《しゃしんていきょう》:(一社《いっしゃ》)長崎県観光連盟《ながさきけんかんこうれんめい》

昔《むかし》の絵《え》で見《み》てみよう

江戸時代《えどじだい》、商家《しょうか》では恵比寿様《えびすさま》をお参《まい》りする習慣《しゅうかん》がありました。家《いえ》では親類《しんるい》や知人《ちじん》を招《まね》き、床《とこ》の間《ま》には恵比寿様《えびすさま》の掛《か》け軸《じく》、お神酒《みき》、鯛《たい》、もちなどを飾《かざ》り、盛大《せいだい》にお祝《いわ》いをしたといいます

楊洲周延《ようしゅうちかのぶ》「江戸風俗十二ヶ月の内《えどふうぞくじゅうにかげつのうち》 十月《じゅうがつ》 豪商恵比寿講祝の図《ごうしょうえびすこういわいのず》」(国立国会図書館所蔵《こくりつこっかいとしょかんしょぞう》)

11月《がつ》 霜月《しもつき》

茶席《ちゃせき》でもてなす菓子《かし》が冬《ふゆ》の訪《おとず》れを告《つ》げる

西日本《にしにほん》では、旧暦《きゅうれき》10月《がつ》（亥《い》の月《つき》）の亥《い》の日《ひ》亥《い》の刻《こく》（21〜23時《じ》）に、亥《い》の子《こ》という収穫祭《しゅうかくさい》が行《おこな》われます。この日《ひ》に亥《い》の子《こ》もちを食《た》べると病気《びょうき》にかからないと言《い》われ、多産《たさん》の猪《いのしし》にあやかり家《いえ》の繁栄《はんえい》にも繋《つな》がると信《しん》じられていました。

また、茶道《さどう》ではこの日《ひ》に炉《ろ》開《びら》きを行《おこな》い、亥《い》の子《こ》もちが茶《ちゃ》菓子《がし》として使《つか》われます。『源《げん》氏物語《じものがたり》』にも登場《とうじょう》する歴史《れきし》ある菓子《かし》です。

（森八《もりはち》）

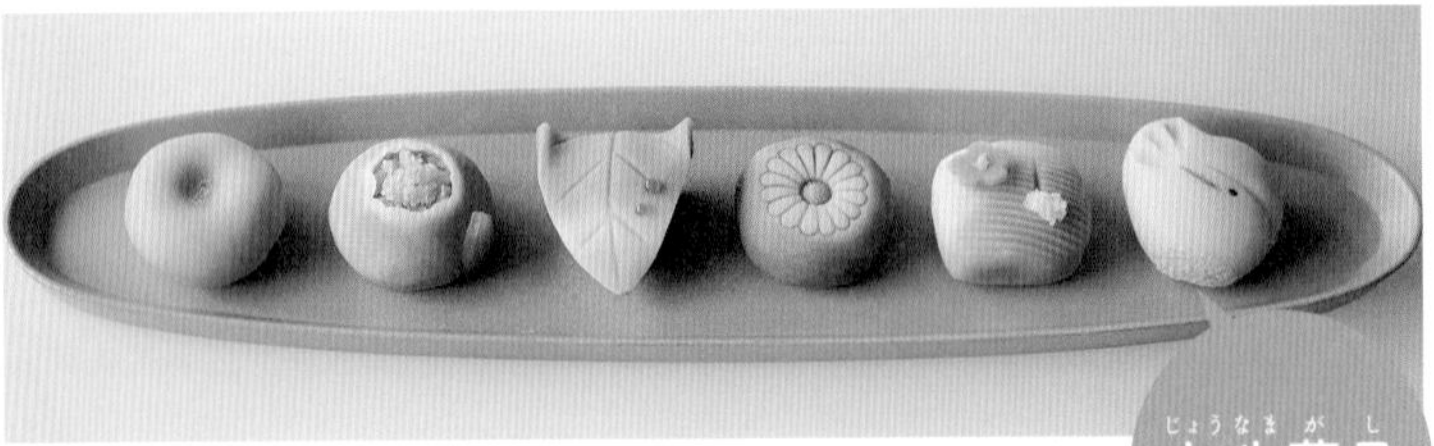

上生菓子《じょうなまがし》

左《ひだり》より「八千代《やちよ》」「姫椿《ひめつばき》」「百両《ひゃくりょう》」「野紺菊《のこんぎく》」「晴着《はれぎ》」「宮《みや》の鳩《はと》」

閉《と》じていた炉《ろ》に火《ひ》が入《い》れられる炉開《ろびら》き。火伏《ひぶせ》の神《かみ》として知《し》られる京都《きょうと》・愛宕神社《あたごじんじゃ》の使《つか》いが猪《いのしし》であることから亥《い》の日《ひ》に行《おこな》われ、亥《い》の子《こ》もち《もち》が用いられるようになりました

亥《い》の子《こ》もち

（とらや）

綾錦《あやにしき》

江戸時代《えどじだい》に広《ひろ》く行《おこな》われるようになった紅葉狩《もみじが》り。和菓子《わがし》の世界《せかい》でもこの時期《じき》、紅葉《こうよう》の情景《じょうけい》を表現《ひょうげん》する生菓子《なまがし》が多《おお》く並《なら》びます。「綾錦《あやにしき》」は、綾《あや》や錦《にしき》のような鮮《あざ》やかな風景《ふうけい》をきんとんで表《あらわ》しています

（京菓匠《きょうかしょう》　鶴屋吉信《つるやよしのぶ》）

菓銘《かめい》

紅葉《もみじ》、秋《あき》の野《の》、寒椿《かんつばき》、寒牡丹《かんぼたん》、秋月《しゅうげつ》

酉《とり》の市《いち》
［東京都台東区］

11月《がつ》の酉《とり》の日《ひ》に大鳥《おおとり》（鷲《おおとり》）神社《じんじゃ》の祭《まつ》りに立《た》つ市《いち》である「酉《とり》の市《いち》」。来《く》る年《とし》の開運《かいうん》や厄《やく》よけ、商売繁盛《しょうばいはんじょう》を祈《いの》る祭《まつ》りとしてにぎわっています。その参拝土産《さんぱいみやげ》として、江戸時代《えどじだい》には「黄金《こがね》もち」というあわもちが人気《にんき》で、金色《きんいろ》の小判《こばん》に似《に》ていたことから、金持《かねも》ちになるという縁起物《えんぎもの》として売《う》られていました。明治時代以《めいじじだいい》降《こう》には、切山椒《きりざんしょう》が登場《とうじょう》。上新粉《じょうしんこ》に砂《さ》糖《とう》、山椒《さんしょう》の粉《こな》を加《くわ》えて蒸《む》してつき、短《たん》冊状《ざくじょう》に切《き》ったもち菓子《がし》です。山椒《さんしょう》は日本最古《にほんさいこ》の香辛料《こうしんりょう》で、葉《は》から樹皮《じゅひ》まで全《すべ》てを利用《りよう》できることから、縁起《えんぎ》物《もの》とされ、甘《あま》い菓子《かし》が少ない時代《じだい》、参《さん》拝《ぱい》の土産《みやげ》として人気《にんき》となりました。

写真提供《しゃしんていきょう》：台東区《たいとうく》

昔《むかし》の絵《え》で見《み》てみよう

11月《がつ》と言えば七五三《しちごさん》。子《こ》どもの健《すこ》やかな成長《せいちょう》を願《ねが》い、日本各地《にほんかくち》の境内《けいだい》が千歳《ちとせ》あめを手《て》にした家族連《かぞくづ》れでにぎわいます。江戸時代《えどじだい》から変《か》わらない風景《ふうけい》です

歌川豊国《うたがわとよくに》「七五三祝《しちごさんいわ》ひの図《ず》」（国立国会図書館所蔵《こくりつこっかいとしょかんしょぞう》）

12月《がつ》 師《し》走《わす》

年神様《としがみさま》へ捧《ささ》げるもち 今《いま》に伝《つた》わる年末《ねんまつ》の風景《ふうけい》

12月《がつ》8日《か》（関東地方《かんとうちほう》）、13日《にち》（関西地方《かんさいちほう》）を「正月事始《しょうがつことはじ》め」と呼《よ》び、この日《ひ》から各家庭《かくかてい》では、新年《しんねん》を迎《むか》える準備《じゅんび》を始《はじ》めます。

古《ふる》くから米《こめ》は霊的《れいてき》な力《ちから》をもつと考《かんが》えられてきたため、もちは新《あたら》しい一年《いちねん》を司《つかさど》る神《かみ》様《さま》である年神様《としがみさま》への重要《じゅうよう》な供《そな》え物《もの》であり、もちつきは正月前《しょうがつまえ》の神聖《しんせい》な行事《ぎょうじ》でした。今《いま》もなお伝《つた》わる、年《とし》の瀬《せ》の風《ふう》物詩《ぶつし》です。

（森八《もりはち》）

左《ひだり》より「寒椿《かんつばき》」「柴《しば》の雪《ゆき》」「雪中花《せっちゅうか》」「ゆきうさぎ」「銀華《ぎんか》」「聖《せい》なる夜《よる》」

上生菓子《じょうなまがし》

柚餅子《ゆべし》

平安末期《へいあんまっき》の源平時代《げんぺいじだい》に生《う》まれたと言《い》われ、保存食《ほぞんしょく》や携帯食《けいたいしょく》に発展《はってん》しました。ゆずもしくはクルミが使用《しよう》され、日陰《ひかげ》で１カ月《かげつ》から半年乾燥《はんとしかんそう》させて作《つく》られています。日本各地《にほんかくち》に様々《さまざま》な形《けい》状《じょう》の柚餅子《ゆべし》があります

じょうよまんじゅう

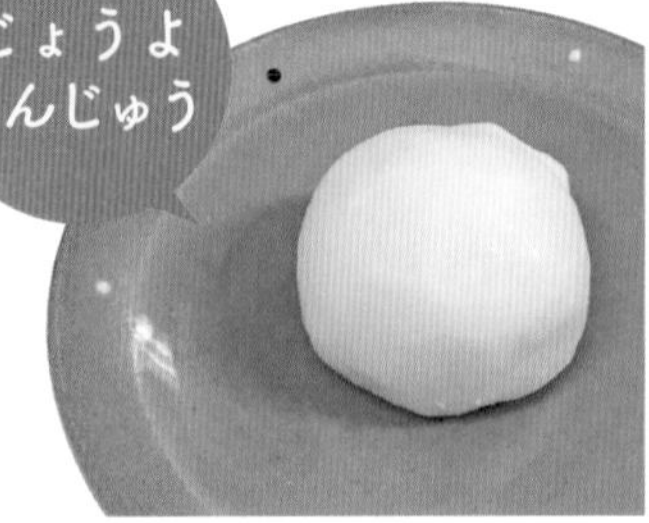

高価《こうか》な砂糖《さとう》や小豆《あずき》を使《つか》ったまんじゅうは位《くらい》の高《たか》い人《ひと》しか食《た》べられなかったため、「上用《じょうよう》まんじゅう」とも言《い》われました。一《いち》年中《ねんじゅう》出回《でまわ》りますが、年末《ねんまつ》の贈《おく》り物《もの》としてめでたいデザインのものが販売《はんばい》されます

菓銘《かめい》

雪《ゆき》の梅《うめ》、木枯《こがら》し、吹雪《ふぶき》、水仙花《すいせんか》、道明寺羹《どうみょうじかん》

団碁祭《だんきさい》

［千葉県香取市《ちばけんかとりし》］

香取神宮《かとりじんぐう》で11月《がつ》30日《にち》に行《おこな》われる大饗祭《たいきょうさい》から続《つづ》く三《みっ》つの祭典《さいてん》、「暮三祭《くれさんさい》」最後《さいご》の祭典《さいてん》が団碁祭《だんきさい》です。境内《けいだい》にかがり火《び》が焚《た》かれ、新穀《しんこく》の米粉《こめこ》で作《つく》った団子《だんご》が神職《しんしょく》から神職《しんしょく》へと手渡《てわた》しで運《はこ》ばれ、多数《たすう》の団子《だんご》が神前《しんぜん》に供《そな》えられます。

大変多《たいへんおお》くの団子《だんご》が供《そな》えられるため、「八石八斗団子祭《はちこくはっとだんごまつり》」とも呼《よ》ばれます。

香取神宮《かとりじんぐう》の祭典《さいてん》で唯一《ゆいいつ》お神酒《みき》を神前《しんぜん》に供《そな》えない、姫神様《ひめがみさま》を労《ねぎら》うお祭《まつ》りと言《い》われています。祭典終了後《さいてんしゅうりょうご》には、供《そな》えられた団子《だんご》が参拝者《さんぱいしゃ》に配《くば》られ、この団子《だんご》を食《た》べると、一年間病気《いちねんかんびょうき》をしないと言《い》われています。

昔《むかし》の絵《え》で見《み》てみよう

正月事始《しょうがつことはじ》めの日《ひ》には、松迎《まつむか》え、すす払《はら》いが行《おこな》われ、鏡《かがみ》もちや手土産用《てみやげよう》にもちをつきました。左側《ひだりがわ》の女性《じょせい》はつきたてのもちをまるめ、鏡《かがみ》もちを作《つく》っているのでしょう。部屋《へや》の奥《おく》には四角《しかく》く伸《の》ばしたのしもち。正月《しょうがつ》を迎《むか》えるにぎやかな風景《ふうけい》です

歌川国貞《うたがわくにさだ》「十二月之内《じゅうにがつのうち》　師走餅《しわすもち》つき」（国立国会図書館所蔵《こくりつこっかいとしょかんしょぞう》）

出来《でき》たての金《きん》つばを味《あじ》わう

レポート

ごま油《あぶら》の香《こう》ばしい香《かお》りと、職人《しょくにん》の美《うつく》しい手《て》さばき。
手《て》に感《かん》じる温《ぬく》もりも出来《でき》たてだからこそ

江戸《えど》っ子《こ》が愛《あい》した榮太樓《えいたろう》の金《きん》つば

「榮太樓總本舗《えいたろうそうほんぽ》」の金《きん》つばは、江戸時代《えどじだい》の後期《こうき》に日本《にほん》橋《ばし》のたもとで、屋台《やたい》で焼《や》いたのが始《はじ》まりです。当時《とうじ》、魚市場《うおいちば》があった日本橋《にほんばし》には多《おお》くの人々《ひとびと》が行《ゆ》き交《か》い「榮太樓《えいたろう》の金《きん》つばは大《おお》きくて味《あじ》が良《よ》い」と大人気《だいにんき》だったそうです。日本橋本店《にほんばしほんてん》では、そんな焼《や》き立《た》ての金《きん》つばを提供《ていきょう》。店内《てんない》には屋《や》台《たい》をイメージして作《つく》られた焼《や》き場《ば》があり、そこでは毎日金《まいにちきん》つばが焼《や》かれ、味《あじ》わうことが出来《でき》ます。

きっ茶《さ》スペースで焼《や》き立《た》ての温《あたた》かい金《きん》つばが味《あじ》わえます。ガラスケースに並《なら》ぶ上生菓子《じょうなまがし》や団子《だんご》など他《ほか》の生菓子《なまがし》も

薄《うす》い皮《かわ》が破《やぶ》れる事《こと》なく、練《ね》り上《あ》げられたつぶしあんを丸《まる》く包《つつ》んでいきます

ごま油《あぶら》を引《ひ》き、ごまを乗《の》せた面《めん》を下《した》に置《お》きます

最後《さいご》に側面《そくめん》を焼《や》いて金《きん》つばの形《かたち》に整《ととの》えていきます

職人技《しょくにんわざ》を見《み》ると、美味《おい》しさもひとしお

この日焼《ひや》き場《ば》に立《た》つのは、この道《みち》44年《ねん》、1級菓子《きゅうかし》製造技能士《せいぞうぎのうし》・「選《せん》和菓子《わがし》職《しょく》」優秀和菓子職認定《ゆうしゅうわがししょくにんてい》の青木誠治《あおきせいじ》さん。とてもすい金《きん》つばの皮《かわ》の種《たね》は強力粉《きょうりきこ》を採用《さいよう》。こねて強《つよ》いコシを持《も》たせます。ほんの2・5gの種《たね》を左手《ひだりて》に乗《の》せるとなめらかなへらさばきでいっしゅんであんを包《つつ》み込《こ》みます。「あんをいじめないように包《つつ》む」と話《はな》す青木《あおき》さん。なるべくそのままの状態《じょうたい》であんを包《つつ》むことでおいしく仕上《しあ》げるのだそう。あんを包《つつ》み込《こ》んだらごま油《あぶら》を引《ひ》いた銅板《どうばん》へ優《やさ》しく置《お》いていきます。焼《や》き加減《かげん》を確認《かくにん》し、反対側《はんたいがわ》は平《たい》らにするため打《う》ち付《つ》けるように置《お》きます。側面《そくめん》を転《ころ》がすように焼《や》いたら完成《かんせい》です。「実《じつ》演販売《えんはんばい》では日本全国《にほんぜんこく》を回《まわ》り勉強《べんきょう》させていただきました。原材料《げんざいりょう》は工場《こうじょう》で作《つく》るものと同《おな》じですが、ご覧《らん》いただいているお客様《きゃくさま》にお喜《よろこ》びいただけるように、上手《じょうず》に手早《てばや》く美《うつく》しく見《み》せることを意識《いしき》しています」

榮太樓總本鋪《えいたろうそうほんぽ》

東京都《とうきょうと》中央区《ちゅうおうく》
日本橋《にほんばし》 1-2-5

よりみち 3

和菓子《わがし》の違《ちが》い

同《おな》じようで同《おな》じでない、和菓子《わがし》の疑問《ぎもん》をここですっきり。
地域《ちいき》によっても違《ちが》いがあるようです。

おはぎ

ぼたもち

基本的《きほんてき》には同《おな》じもので、春《はる》のお彼岸《ひがん》では「ぼたもち」、秋《あき》のお彼岸《ひがん》では「おはぎ」のように季節《きせつ》によって呼《よ》び名《な》が変《か》わります。春《はる》に咲《さ》くぼたん、秋《あき》に咲《さ》くはぎにちなんだと言《い》われます

練《ね》り切《き》り

こなし

細《こま》かい細工《さいく》をしやすいように、こしあんに求肥《ぎゅうひ》を加《くわ》えて練《ね》ったものが練《ね》り切《き》りで、こしあんに小麦粉《こむぎこ》を加《くわ》えて練《ね》ってから蒸《む》したものがこなしです

桜《さくら》もち

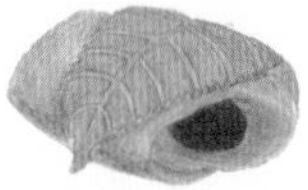

道明寺《どうみょうじ》

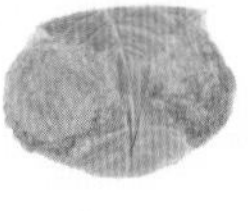

道明寺粉《どうみょうじこ》を蒸《む》してあんを包《つつ》んだのが大阪生《おおさかう》まれの「道明寺《どうみょうじ》」。水《みず》で溶《と》いた小麦粉《こむぎこ》を薄《うす》く焼《や》いてあんを包《つつ》んだのが東京生《とうきょうう》まれの「桜もち」と言《い》われます。どちらも塩漬《しおづ》けした桜《さくら》の葉《は》で包《つつ》みます

おしるこ

ぜんざい

おしるこは関東《かんとう》も関西《かんさい》もこしあんの汁《しる》を指《さ》し、関西《かんさい》では粒《つぶ》あんの汁《しる》をぜんざいと言《い》います。関東《かんとう》では汁気《しるけ》の少《すく》ないあんをもちや白玉《しらたま》に添《そ》えたものをぜんざいと言《い》います

第《だい》3章《しょう》

日本人《にほんじん》の暮《く》らしと和菓子《わがし》

人《ひと》の一生《いっしょう》に寄《よ》り添《そ》い、神仏《しんぶつ》とも関《かか》わりの深《ふか》い和菓子《わがし》。
今《いま》も昔《むかし》も日本人《にほんじん》のそばには和菓子《わがし》があります

人《ひと》の一生《いっしょう》と和菓子《わがし》

人《ひと》の一生《いっしょう》を通《とお》して、和菓子《わがし》と人《ひと》とのかかわりを見《み》ていきましょう

人《ひと》の一生《いっしょう》に寄《よ》り添《そ》い、季節《きせつ》のうつりかわりに合《あ》わせて味《あじ》わう和菓子《わがし》。人生《じんせい》の節目《ふしめ》ごとに多《おお》くの大切《たいせつ》な行事《ぎょうじ》があり、和菓子《わがし》はそれらの行事《ぎょうじ》との強《つよ》い結《むす》びつきを持《も》っています。

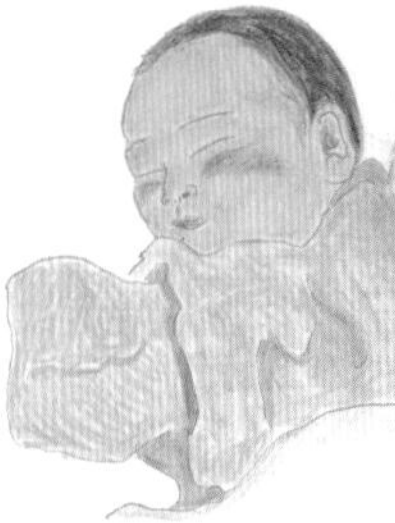

生後三日目《せいごみっかめ》の祝《いわ》い

　昔《むかし》は子《こ》どもが生《う》まれてからすぐに亡《な》くなることが多《おお》かったため、子《こ》どもの成長《せいちょう》に合《あ》わせてすこやかな成長《せいちょう》を願《ねが》う儀式《ぎしき》が行《おこな》われ、その風習《ふうしゅう》が今《いま》に受《う》け継《つ》がれています。

　生後三日目《せいごみっかめ》は、その子《こ》がじょうぶに育《そだ》つことを確認《かくにん》できたことを喜《よろこ》ぶ日《ひ》とされてきました。関東地方《かんとうちほう》ではこの日《ひ》、「三《み》つ目《め》のおはぎ」（「三《み》つ目《め》のぼたもち」ともいう）という大《おお》きなおはぎを作《つく》り、親《した》しい人々《ひとびと》に配《くば》ってお祝《いわ》いをする風習《ふうしゅう》があります。小豆《あずき》やもちは栄養《えいよう》があるため、赤《あか》ちゃんを産《う》

生後七日目《せいごなのかめ》の祝《いわ》い

生後《せいご》七日間《なのかかん》は神様《かみさま》が子《こ》どもを見《み》守《まも》っていますが、七日目《なのかめ》の夜《よる》には帰《かえ》ってしまうといわれています。そのため、この夜《よる》を「お七夜《しちや》」といい、子《こ》どもの成長《せいちょう》を確《たし》かめる大切《たいせつ》な行事《ぎょうじ》が受《う》け継《つ》がれてきました。

生《う》まれた子《こ》の名前《なまえ》を半紙《はんし》などに書《か》いて神棚《かみだな》や仏壇《ぶつだん》の前《まえ》に供《そな》え、仲人《なこうど》（結《けっ》婚《こん》の仲立《なかだ》ちをする人《ひと》）や親《しん》せき・友《ゆう》人《じん》を招《まね》いて子《こ》どもに名前《なまえ》をつけたことをお知《し》らせします。卵《たまご》の形《かたち》をした鳥《とり》の子もち（もち米《ごめ》で作《つく》ったもの）や、鶴《つる》の子《こ》もち（米《こめ》を乾燥《かんそう》させてお供《そな》えし、粉状《こなじょう》にした上新粉《じょうしんこ》に砂糖《さとう》を混《ま》ぜた「すあま」で作《つく》ったもの）、赤飯《せきはん》が配《くば》られます。

んだお母《かあ》さんの体《からだ》をいたわり、おっぱいの出《で》をよくするために食《た》べさせたことに始《はじ》まるといいます。また、小豆《あずき》には厄《やく》よけの力《ちから》があると考《かんが》えられたため、無病息災《むびょうそくさい》（病気《びょうき》をせず元気《げんき》でいること）を願《ねが》う意味《いみ》も込《こ》められています。

初宮参《はつみやまい》り

生《う》まれた子《こ》を連《つ》れて初《はじ》めて氏神様《うじがみさま》の神社《じんじゃ》にお参《まい》りすることを「初宮参《はつみやまい》り」といい、子《こ》どもの成長《せいちょう》とその子《こ》を神様《かみさま》にお守《まも》りいただくようお祈《いの》りします。初宮参《はつみやまい》りのお祝《いわ》いとして、親戚《しんせき》からいただいた出産《しゅっさん》のお祝《いわ》い金《きん》や贈《おく》り物《もの》のお返《かえ》しをします。

お返《かえ》しの品《しな》には、紅白《こうはく》まんじゅう、紅白《こうはく》もち、鶴《つる》の子《こ》もち、御目出糖《おめでとう》などがよく使《つか》われます。御目出糖《おめでとう》は、小豆《あずき》、もち粉《こ》、米粉《こめこ》を使用《しよう》した蒸《む》し菓子《がし》「高《こ》麗《れ》もち」が原型《げんけい》で、和菓子店《わがしてん》「萬年堂《まんねんどう》」のものがよく知《し》られています。小豆《あずき》あんにもち粉《こ》や米粉類《こめこるい》などを混《ま》ぜ、そぼろ状《じょう》にして大納言小豆《だいなごんあずき》のみつ漬《づ》けを散《ち》らして蒸《む》したもので、もちもちとした食感《しょっかん》をしています。

初節句《はつぜっく》

子《こ》どもが生《う》まれて初《はじ》めて迎《むか》える季《き》節《せつ》の行事《ぎょうじ》、節句《せっく》のことを「初節句《はつぜっく》」といいます。女《おんな》の子《こ》は3月《がつ》3日《か》の「上巳《じょうし》の節句《せっく》(桃《もも》の節句《せっく》)」。男《おとこ》の子《こ》は5月《がつ》5日《か》の「端午《たんご》の節句《せっく》」をお祝《いわ》いします。

桃《もも》の節句《せっく》ではひしもち、桜《さくら》もち、ひなあられなどが食《た》べられます。

ひしもちは植物《しょくぶつ》のひしの実《み》を食《た》べて長生《ながい》きしたという仙人《せんにん》に由来《ゆらい》する、長生《ながい》きを願《ねが》うお菓子《かし》です。

端午《たんご》の節句《せっく》では、柏《かしわ》もちやちまきが食《た》べられます。柏《かしわ》の葉《は》は新《あたら》しい芽《め》が育《そだ》つまで古《ふる》い葉《は》が落《お》ちないことから、子孫繁栄《しそんはんえい》を願《ねが》って柏《かしわ》もちが作《つく》られるようになりました。

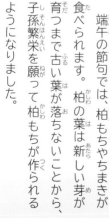

初《はつ》誕生《たんじょう》日《び》

生《う》まれてから1年《ねん》が経《た》つと、一人《ひとり》で歩《ある》けるようになったり、言葉《ことば》を覚《おぼ》え始《はじ》めたりします。１歳《さい》の誕生日《たんじょうび》にはここまで無事《ぶじ》に育《そだ》ったことをお祝《いわ》いします。昔《むかし》の重《おも》さの単位《たんい》で1升《しょう》(約《やく》2キロ)のもちをつき、それに〝寿《ことぶき》〟または〝祝《いわい》〟と赤色《あかいろ》で書《か》いた「誕生《たんじょう》もち(一生《いっしょう》もち)」を風呂敷《ふろしき》に包《つつ》み、一《いっ》生元気《しょうげんき》で食《た》べものに困《こま》ることがないように願《ねが》って、子《こ》どもに背負《せお》わせる風習《ふうしゅう》があります。

お食《く》い初《ぞ》め

生《う》まれてから100日《にち》、110日《にち》、120日《にち》に行《おこな》われることが多《おお》い儀式《ぎしき》です。和菓子《わがし》は紅白《こうはく》まんじゅうなどが用《もち》いられます。お食《く》い初《ぞ》めでは誕《たん》生後初《じょうごはじ》めて、本膳料理《ほんぜんりょうり》を用意《ようい》します。本膳料理《ほんぜんりょうり》とは日本料理《にほんりょうり》の正式《せいしき》な配膳《はいぜん》の形《かたち》で、一人《ひとり》ひとりに対《たい》し数種《すうしゅ》の料理《りょうり》が乗《の》った器《うつわ》がいくつも用意《ようい》される食事《しょくじ》のスタイル。お食《く》い初《ぞ》めではこの料理《りょうり》を子《こ》どもに食《た》べさせる真似《まね》をして、その子《こ》が一《いっ》生《しょう》食《た》べることに困《こま》らないようにお祈《いの》りします。お祝《いわ》いの器《うつわ》には赤飯《せきはん》やじょうぶな歯《は》が生《は》えるようにとの願《ねが》いを込《こ》めた「歯固《はがた》めの小石《こいし》」も置《お》いて、食《た》べさせる真似《まね》をします。

七《しち》五《ご》三《さん》

女《おんな》の子《こ》は3歳《さい》と7歳《さい》、男《おとこ》の子《こ》は5歳《さい》になる年齢《ねんれい》の11月《がつ》に、生《う》まれた土地《とち》の神様《かみさま》をおまつりする産土神社《うぶすなじんじゃ》にお参《まい》りして、すこやかな成長《せいちょう》を願《ねが》います。千歳《ちとせ》あめは長細《ながほそ》い袋《ふくろ》に入《はい》った紅白《こうはく》の長《なが》いあめで、長《なが》く伸《の》びた姿《すがた》から長生《ながい》きを連想《れんそう》させる縁起《えんぎ》の良《よ》い食《た》べ物《もの》であると考《かんが》えられています。

大麦《おおむぎ》のもやしで作《つく》った甘《あま》い水《みず》を神《しん》前《ぜん》に供《そな》えたものが起源《きげん》であるという説《せつ》や、江戸時代《えどじだい》に浅草寺《せんそうじ》(東京都台東区《とうきょうとたいとうく》)で売《う》られていた紅白《こうはく》に染《そ》めた棒《ぼう》のような形《かたち》の「千年《せんねん》あめ」が始《はじ》まりともいわれています。

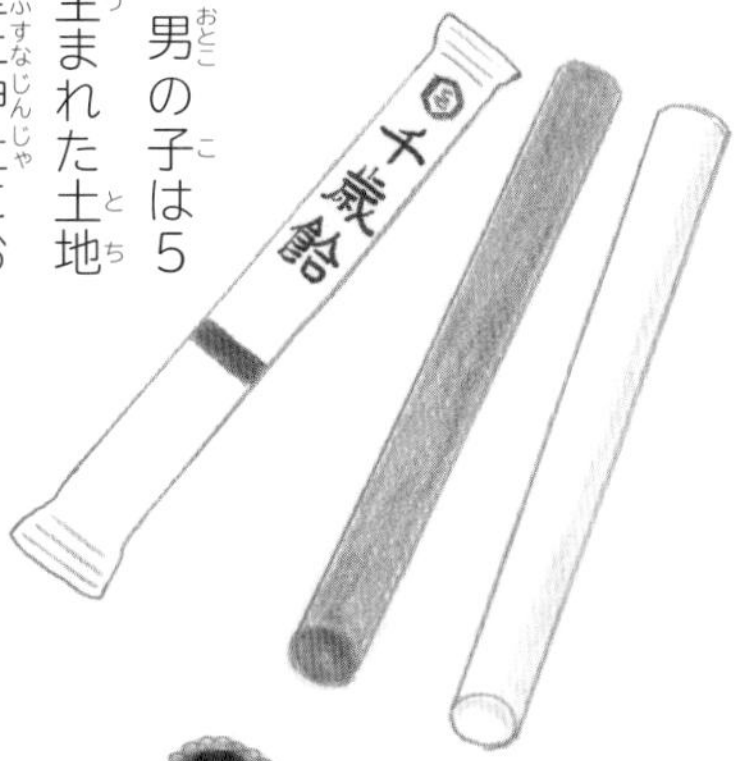

入園《にゅうえん》入学《にゅうがく》、卒業《そつぎょう》祝《いわ》い

保育園《ほいくえん》や幼稚園《ようちえん》は、子《こ》どもが社会《しゃかい》で生活《せいかつ》を送《おく》り始《はじ》める第一《だいいっ》歩《ぽ》。そして小学校《しょうがっこう》から大学《だいがく》まで成長《せいちょう》に合《あ》わせて学《まな》びの環境《かんきょう》が変《か》わり、そのたびにお祝《いわ》い事《ごと》をする機会《きかい》が訪《おとず》れます。これまで無事《ぶじ》に過《す》ごしてきたことに感謝《かんしゃ》し、これからも成長《せいちょう》し、幸福《こうふく》であるようにお祈《いの》りしましょう。お祝《いわ》いのお菓子《かし》には、紅白《こうはく》まんじゅう、赤飯《せきはん》、鶴《つる》の子《こ》もちなどが使《つか》われます。

十三参《じゅうさんまい》り

七五三《しちごさん》は関東《かんとう》を中心《ちゅうしん》とした行事《ぎょうじ》であるのに対《たい》して、関西《かんさい》では数《かぞ》え年《どし》（生《う》まれた時《とき》が1才《さい》で、お正月《しょうがつ》を迎《むか》えるたびに1歳《さい》ずつ加《くわ》える日本《にほん》に昔《むかし》から伝《つた》わる年齢《ねんれい》の数《かぞ》え方《かた》）で13歳《さい》になる旧暦《きゅうれき》の3月《がつ》13日《にち》に「十三参《じゅうさんまい》り」を行《おこな》います。知《ち》恵《え》の神様《かみさま》である虚空蔵菩薩《こくぞうぼさつ》にお参《まい》りして幸福《こうふく》や知恵《ちえ》をさずかる行事《ぎょうじ》です。

お参《まい》りの帰《かえ》り道《みち》、後《うし》ろを振《ふ》り向《む》くとさずかった知恵《ちえ》を落《お》としたり戻《もど》したりするといわれています。これは決《き》められた約束《やくそく》を守《まも》るという教《おし》えでもあ

成人《せいじん》の祝《いわ》い

18歳《さい》になると、法律《ほうりつ》の上《うえ》では大人《おとな》の仲間入《なかまい》りとなり、社会的《しゃかいてき》義務《ぎむ》や責任《せきにん》を持《も》つことになります。そのけじめとなるのが成人式《せいじんしき》です。1948年《ねん》、国民《こくみん》の祝日《しゅくじつ》として成人《せいじん》の日《ひ》が1月《がつ》15日《にち》に定《さだ》められ、2000年《ねん》に1月《がつ》の第《だい》2月曜日《げつようび》に変更《へんこう》されました。

お世話《せわ》になった人《ひと》たちには、感謝《かんしゃ》の気持《きも》ちを込《こ》めて、紅白《こうはく》まんじゅうや引《ひ》き菓子《がし》(きれいに飾《かざ》られた菓子《かし》)などを配《くば》って新《あら》たな人生《じんせい》の出発《しゅっぱつ》を報告《ほうこく》します。

ります。

虚空蔵菩薩《こくぞうぼさつ》に供《そな》える13種類《しゅるい》の菓子《かし》を「十三智菓《じゅうさんちか》」といい、虚空蔵菩薩《こくぞうぼさつ》にお供《そな》えした後《あと》、家《いえ》に持《も》ち帰《かえ》って食《た》べるのがならわしです。

結納《ゆいのう》・結婚《けっこん》祝《いわ》い

一生《いっしょう》のうちの節目《ふしめ》となる行事《ぎょうじ》の中《なか》で、最《もっと》もおめでたいとされる行事《ぎょうじ》です。結納《ゆいのう》は結婚《けっこん》を申《もう》し込《こ》む儀式《ぎしき》で、結《ゆい》納品《のうひん》とともにおめでたい行事《ぎょうじ》にふさわしい上生菓子《じょうなまがし》などを持参《じさん》することが良《よ》いとされています。結婚式《けっこんしき》に招《まね》いた人々《ひとびと》には、松竹梅《しょうちくばい》など縁起《えんぎ》がよいとされる植物《しょくぶつ》をかたどった菓子《かし》、紅白《こうはく》まんじゅうなどを用意《ようい》します。

「蓬莱山《ほうらいさん》」は中国《ちゅうごく》で不老不死《ふろうふし》の仙人《せんにん》が住《す》む神《かみ》の山《やま》からとった菓銘《かめい》で、大《おお》きなまんじゅうの中《なか》に色《いろ》とりどりの小《ちい》さなまんじゅうが入《はい》っているため、「子《こ》持《も》ちまんじゅう」とも呼《よ》ばれており、子孫繁栄《しそんはんえい》を願《ねが》うおめでたい菓子《かし》として、結婚式《けっこんしき》のお祝《いわ》いのお返《かえ》しの品《しな》などに用《もち》いられます。

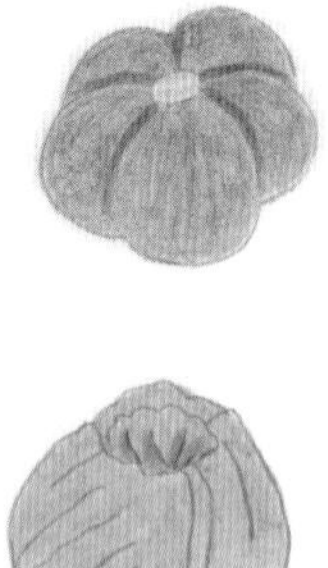

結婚《けっこん》記念日《きねんび》

仲良《なかよ》し夫婦《ふうふ》が元気《げんき》であることをお祝《いわ》いします。1年目《ねんめ》の紙婚式《かみこんしき》、7年目《ねんめ》の銅婚式《どうこんしき》、25年目《ねんめ》の銀婚式《ぎんこんしき》、50年目《ねんめ》の金婚式《きんこんしき》、60年目《ねんめ》のダイヤモンド婚式《こんしき》などがあります。

お祝《いわ》いには二人《ふたり》の仲《なか》を結《むす》びつけてくれた仲人《なこうど》を始《はじ》め、親《しん》せきや友人《ゆうじん》へのあいさつとして、夫婦《ふうふ》が過《す》ごした年月《ねんげつ》にふさわしい菓子《かし》が配《くば》られます。

会社《かいしゃ》の記念日《きねんび》の祝《いわ》い

お店《みせ》を開《ひら》いたり会社《かいしゃ》を作《つく》ったりした年《とし》から1年《ねん》、10年《ねん》、50年《ねん》、100年《ねん》など区切《くぎ》りの良《よ》い年《とし》に、そのことを祝《いわ》い、記念《きねん》としてお世話《せわ》になった人々《ひとびと》に感謝《かんしゃ》する日《ひ》です。お祝《いわ》いの菓子《かし》には紅白《こうはく》まんじゅうなどが使《つか》われることが多《おお》いのですが、会社《かいしゃ》のマークをかたどったり、焼《や》き印《いん》を押《お》したりした和菓子《わがし》を配《くば》ることも喜《よろこ》ばれます。

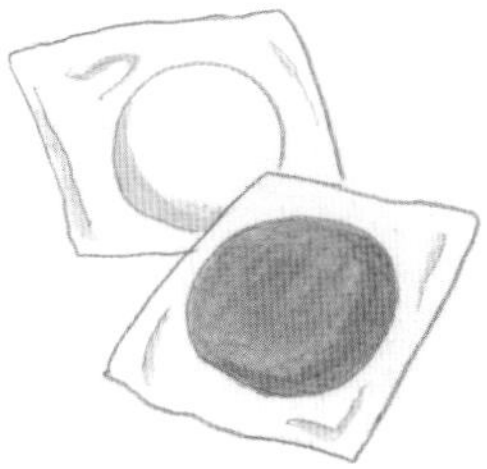

※1　建物《たてもの》を支《ささ》える部材《ぶざい》のひとつ。屋根《やね》の一番《ばん》上《うえ》(棟《むね》)に使《つか》われる

新築《しんちく》祝《いわ》い

家《いえ》を新《あたら》しく建《た》てることは一生《いっしょう》のうちに何度《なんど》もあることでないため、人生《じんせい》のなかで大事《だいじ》な出来事《できごと》となるでしょう。土地《とち》を清《きよ》める意味《いみ》を持《も》つ「地鎮祭《じちんさい》」では、親《しん》せきや大工《だいく》さんに赤飯《せきはん》、紅白《こうはく》まんじゅうなどを配《くば》ります。家《いえ》に柱《はしら》が立《た》ち、棟木《むなぎ》(※1)を上《あ》げる時《とき》に、工事《こうじ》の安全《あんぜん》と建物《たてもの》がじょうぶであることを祈《いの》る「上棟式《じょうとうしき》(棟上《むねあ》げ)」を行《おこな》います。その時《とき》、大工《だいく》さんにお祝《いわ》いのお金《かね》を配《くば》ったり、出席者《しゅっせきしゃ》には紅白《こうはく》のもちを配《くば》ったりします。近所《きんじょ》の人々《ひとびと》には折《お》り箱《ばこ》に入《い》れた菓子《かし》を持《も》って行《い》き、あいさつに回《まわ》ります。屋根《やね》の上《うえ》から菓子《かし》やもちを巻《ま》いてお祝《いわ》いする地方《ちほう》もあります。

病気《びょうき》見舞《みま》い・快気祝《かいきいわ》い

相手《あいて》の病気《びょうき》の様子《ようす》にもよりますが、お見舞《みま》いにはカステラ、浮島《うきしま》、やわらかい小麦《こむぎ》せんべい、あめなどがよく使《つか》われます。病気《びょうき》が治《なお》ったときに行《おこな》う「快気祝《かいきいわ》い」では、お見舞《みま》いに来《き》ていただいた人《ひと》たちに鶴《つる》の子《こ》もち、赤飯《せきはん》、紅白《こうはく》まんじゅうなどでお礼《れい》のお返《かえ》しをします。

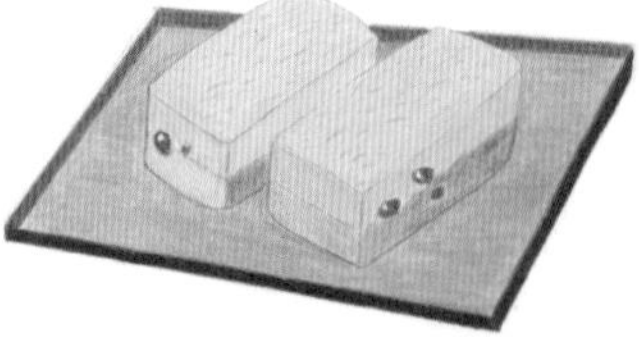

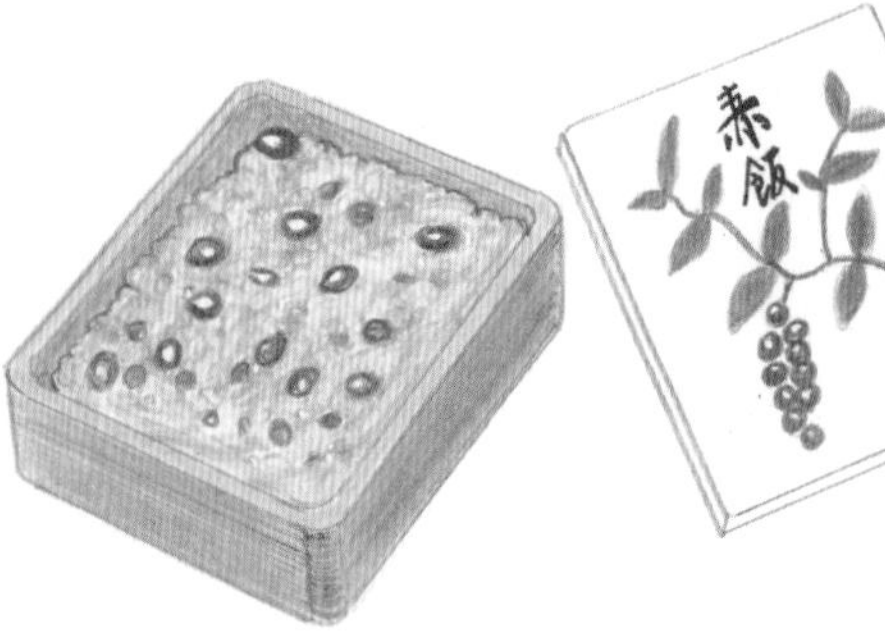

還暦《かんれき》・年祝《としいわ》い

60の干支《えと》(甲乙丙《こうおつへい》などの「十《じっ》干《かん》」と、子丑寅《ねうしとら》などの「十二《じゅうに》支《し》」の組《く》み合《あ》わせ)が一回《ひとまわ》りして元《もと》に還《かえ》るという意味《いみ》が「還《かん》暦《れき》」です。70歳《さい》を迎《むか》えて祝《いわ》うのが「古希《こき》」、77歳《さい》の「喜寿《きじゅ》」、80歳《さい》の「傘寿《さんじゅ》」、88歳《さい》の「米寿《べいじゅ》」、90歳《さい》の「卒寿《そつじゅ》」、99歳《さい》の「白寿《はくじゅ》」など、無《ぶ》事《じ》に年齢《ねんれい》を重《かさ》ねてきた喜《よろこ》びを祝《いわ》うのが「年祝《としいわ》い」です。家族《かぞく》や親《した》しい人《ひと》たちを招《まね》いて、お祝《いわ》いの料理《りょうり》を用意《ようい》し、お祝《いわ》いの菓《か》子《し》には赤飯《せきはん》、鶴《つる》の子《こ》もちなどが贈《おく》られるほか、それぞれの年祝《としいわ》いに合《あ》わせて特別《とくべつ》のデザインで作《つく》った和菓子《わがし》も喜《よろこ》ばれます。

通夜《つや》見舞《みま》い・葬式《そうしき》

葬式《そうしき》の前《まえ》に家族《かぞく》・知人《ちじん》などが集《あつ》まり、一晩中《ひとばんじゅう》、亡《な》くなった人《ひと》のそばで過《す》ごし、死後《しご》の幸福《こうふく》を祈《いの》ることを「通夜《つや》」といいます。通夜《つや》や葬式《そうしき》に参加《さんか》してくれた人《ひと》に配《くば》るのが葬式《そうしき》まんじゅうです。関東《かんとう》では白《しろ》と緑《みどり》、関西《かんさい》では白《しろ》と黄色《きいろ》が一般的《いっぱんてき》とされています。

通夜《つや》が行《おこな》われるときには、盛《も》り菓《が》子《し》（葬式《そうしき》、お盆《ぼん》、お彼岸《ひがん》などにお供《そな》えする、三方《さんぼう》に盛《も》った菓《か》子《し》）、茶菓子《ちゃがし》を用意《ようい》します。葬式《そうしき》の日《ひ》には「盛《も》り出《だ》し」といって、参加者《さんかしゃ》に春日《かすが》まんじゅう、しのぶまんじゅう、じょうよまんじゅうなどを配《くば》ります。

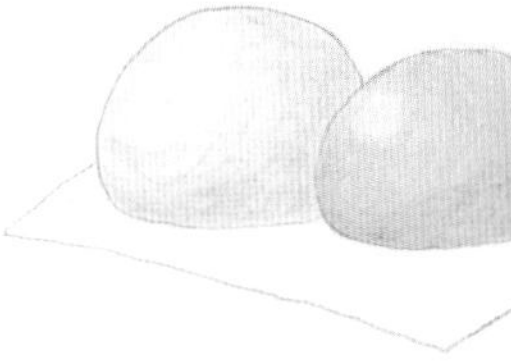

法要《ほうよう》

初七日《しょなのか》（死後《しご》7日目《にちめ》）と四十九日《しじゅうくにち》（死後《しご》49日目《にちめ》）の供養《くよう》では、親族《しんぞく》や親《した》しい人々《ひとびと》が集《あつ》まり、亡《な》くなった人《ひと》のことをなつかしい気持《きも》ちで思《おも》い出《だ》します。集《あつ》まった人々《ひとびと》へのお土産《みやげ》には、しのぶまんじゅう、じょうよまんじゅう、儀式《ぎしき》で配《くば》る「式菓子《しきがし》」などが使《つか》われます。その後《あと》は100日《にち》、1周忌《しゅうき》（1年《ねん》目《め》）、3回忌《かいき》、7回忌《かいき》と続《つづ》きますが、50回忌《かいき》からは菓子《かし》に赤《あか》いものを使《つか》っても問題《もんだい》ありません。

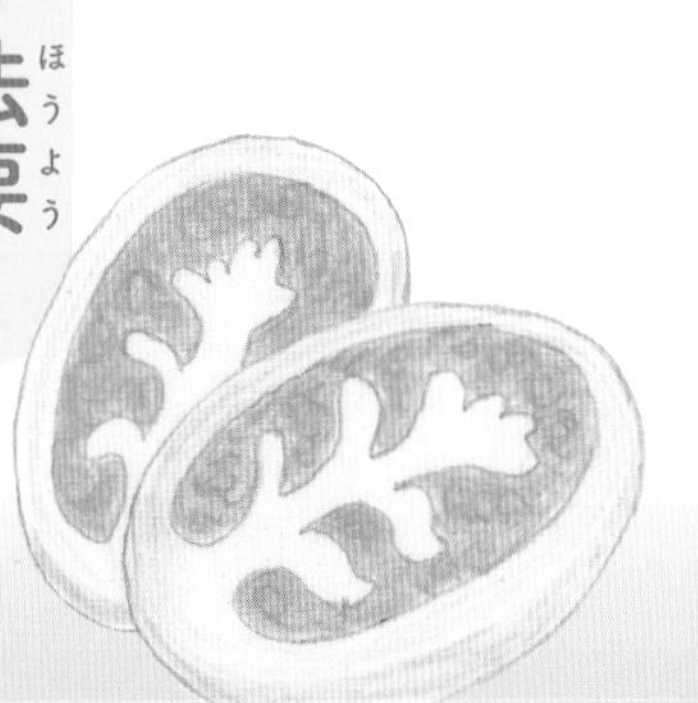

和《わ》菓《が》子《し》と味《あじ》わう飲《の》み物《もの》

和《わ》菓《が》子《し》には日本茶《にほんちゃ》が定番《ていばん》ですが、紅茶《こうちゃ》・コーヒーなども楽《たの》しまれています

日本茶《にほんちゃ》

鎌倉時代《かまくらじだい》のはじめ、臨済宗《りんざいしゅう》のお坊《ぼう》さん、栄西《えいさい》が、中国《ちゅうごく》より茶《ちゃ》の種《たね》を日本《にほん》に持《も》ち帰《かえ》り育《そだ》て始《はじ》めたのが日本《にほん》における茶《ちゃ》のはじまりと言《い》われています。茶《ちゃ》と共《とも》にきっ茶文化《さぶんか》が全国《ぜんこく》へと広《ひろ》がっていきました。和菓《わが》子《し》と相性《あいしょう》の良《よ》い日本茶《にほんちゃ》。様々《さまざま》な日本茶《にほんちゃ》と和菓子《わがし》を試《ため》してみるのも楽《たの》しいですよ。ここでは和菓子《わがし》に欠《か》かせない日本茶《にほんちゃ》を紹介《しょうかい》します。

玉露《ぎょくろ》

甘《あま》みを強《つよ》く、しぶみを少《すく》なくするために、新芽《しんめ》をおおい日照《にっしょう》を制限《せいげん》して生育《せいいく》した葉《は》で、最優良《さいゆうりょう》の煎茶《せんちゃ》です。

煎茶《せんちゃ》

つんだ葉《は》を蒸《む》してもみながらかわかして作《つく》る、日本人《にほんじん》が最《もっと》も一般的《いっぱんてき》に飲《の》んでいるお茶《ちゃ》です。

抹茶《まっちゃ》

てん茶《ちゃ》（抹茶《まっちゃ》の原料《げんりょう》）を臼《うす》でひいた粉末状《ふんまつじょう》のお茶《ちゃ》。湯《ゆ》を加《くわ》えて茶筅《ちゃせん》を振《ふ》ってからいただきます。主《おも》に茶《ちゃ》の湯《ゆ》に用《もち》いられます。

玄米茶《げんまいちゃ》

番茶《ばんちゃ》や煎茶《せんちゃ》にほうじた玄米《げんまい》を混《ま》ぜたお茶《ちゃ》。抹茶《まっちゃ》を混《ま》ぜたものなどもあります。

ほうじ茶《ちゃ》

番茶《ばんちゃ》などを強火《つよび》であぶって独特《どくとく》の香《かお》りを付《つ》けたもの。茎茶《くきちゃ》のみで作《つく》られたものは「茎《くき》ほうじ茶《ちゃ》」と言《い》われます。

番茶《ばんちゃ》

大《おお》きく育《そだ》ち煎茶《せんちゃ》として用《もち》いられなくなった古葉《こば》やかたくなった新芽《しんめ》が原料《げんりょう》で、日常用《にちじょうよう》のお茶《ちゃ》として飲《の》まれています。

釜《かま》いり茶《ちゃ》

茶葉《ちゃば》を蒸《む》さず、生葉《なまは》を釜《かま》の加《か》熱《ねつ》でいり、やや黄色味《きいろみ》がかった水色《すいしょく》が特徴《とくちょう》。中国伝来《ちゅうごくでんらい》の製法《せいほう》です。

碁石茶《ごいしちゃ》®

四角形《しかくけい》に干《ほ》し固《かた》めた発《はっ》こう茶《ちゃ》。高知県長岡郡大豊町《こうちけんながおかぐんおおとよちょう》で生産《せいさん》されています。

コーヒー

コーヒーはアカネ科《か》の常緑樹《じょうりょくじゅ》で、その種子《しゅし》(コーヒー豆《まめ》)をいって粉《こな》にしたものです。エチオピアのコーヒーノキが中南米《ちゅうなんべい》へ渡《わた》り、今《いま》では世《せ》界中《かいちゅう》で飲《の》まれています。日本《にほん》へ入《はい》ってきたのは、元禄時代《げんろくじだい》(1688~1704)。オランダ人《じん》によって長崎《ながさき》の出島《でじま》に持《も》ち込《こ》まれたと言《い》われていますが、当時日本人《とうじにほんじん》にはあまり好《この》まれなかったようです。一般《いっぱん》の人々《ひとびと》に広《ひろ》まったのは明治《めいじ》の終《お》わりから大正時代《たいしょうじだい》と言《い》われています。どら焼《や》きやカステラなどといただきたいですね。

紅茶《こうちゃ》

茶《ちゃ》の若葉《わかば》をつみ取《と》り、葉《は》を風通《かぜとお》しの良《よ》いところなどでしおれさせてからよくもみ、発《はっ》こう、かわかして作《つく》るのが紅《こう》茶《ちゃ》。紅茶《こうちゃ》も日本茶《にほんちゃ》もツバキ科《か》のチャノキから茶葉《ちゃば》をつみますが、発こうの有無《うむ》でどちらになるかが決定《けってい》します(※)。17世紀《せいき》に中国茶《ちゅうごくちゃ》が西洋《せいよう》に伝《つた》わり広《ひろ》がっていきました。主《おも》な産《さん》地《ち》はインド・スリランカで日《に》本《ほん》へは明治以降《めいじいこう》に伝《つた》わりました。コーヒー同様《どうよう》どら焼《や》きやカステラもいいですが、お団子《だんご》などのもち菓子《がし》と合《あ》わせるのもおすすめです。

※日本茶《にほんちゃ》の一種《いっしゅ》である「碁石茶《ごいしちゃ》」は、その他多《たおお》くの日本茶《にほんちゃ》と異《こと》なり発《はっ》こうさせて作《つく》られます

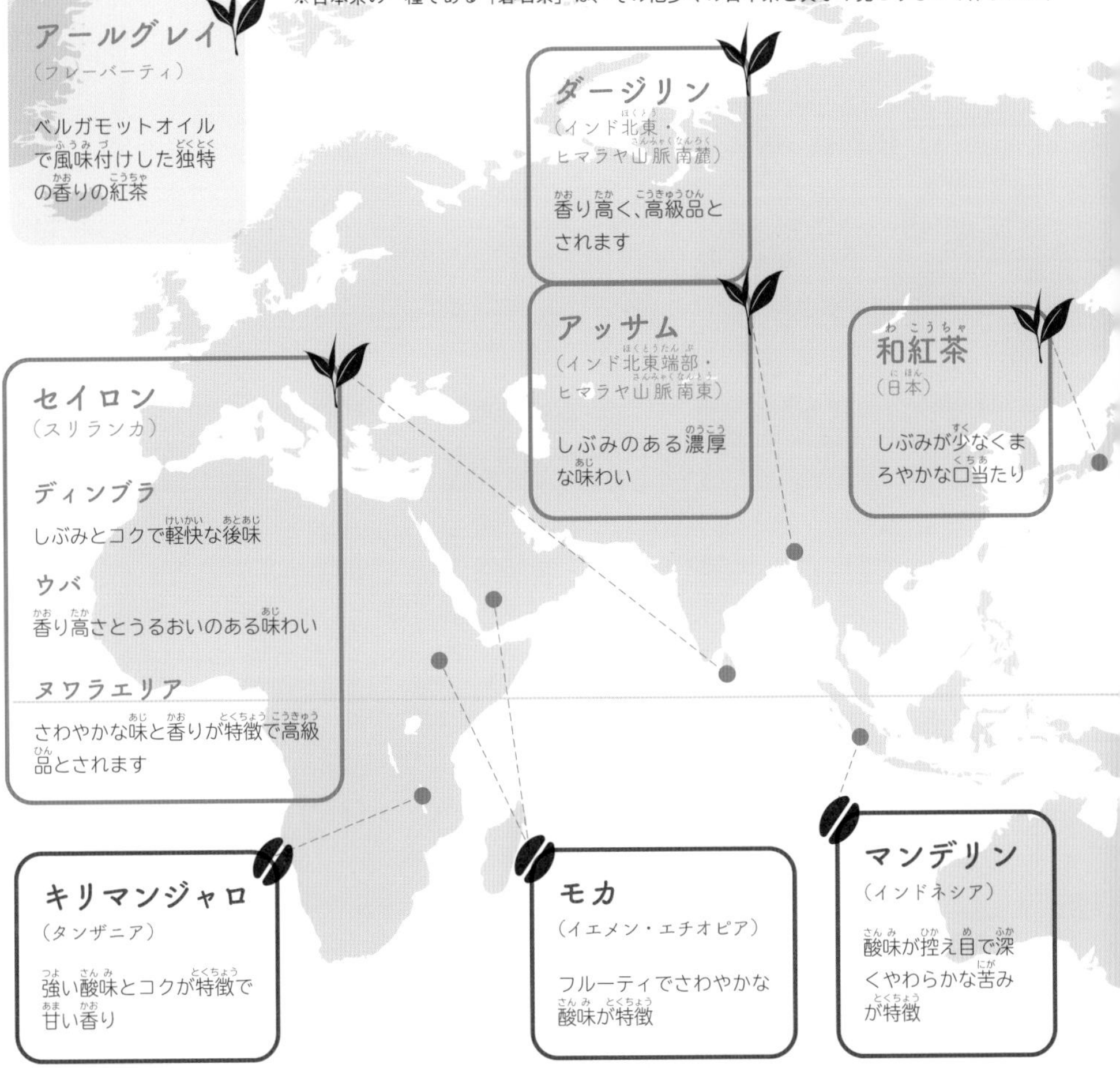

神様《かみさま》・仏様《ほとけさま》と和菓子《わがし》

神社《じんじゃ》や寺《てら》との結《むす》びつきによって発展《はってん》した、日本全国《にほんぜんこく》の和菓子《わがし》を紹介《しょうかい》します

人《ひと》が集《あつ》まる門前《もんぜん》で流行《りゅうこう》した菓子《かし》

和菓子《わがし》の発展《はってん》に大《おお》きな影響《えいきょう》を与《あた》えたのが、寺社《じしゃ》の門前《もんぜん》で売《う》られるようになった菓子《かし》の存在《そんざい》です。江《え》戸《ど》時代《じだい》に入《はい》ると、交通網《こうつうもう》が整備《せいび》され、一定期間《いっていきかん》、江戸《えど》に住《す》まわせる「参勤交代《さんきんこうたい》」をする諸大名《しょだいみょう》や、伊勢神宮《いせじんぐう》に参拝《さんぱい》する「伊勢参り」をする人々《ひとびと》など、身分《みぶん》を超《こ》えて多《おお》くの人《ひと》が行《い》き来《き》するようになりました。人気《にんき》の寺社《じしゃ》は信仰《しんこう》という面《めん》だけでなく、観光地《かんこうち》としてもにぎわいを見《み》せるようになります。そうすると、そこを訪《おとず》れる人々《ひとびと》に向《む》け、自《し》然《ぜん》ともちや団子《だんご》を売《う》る店《みせ》が出《で》てきます。門前町《もんぜんまち》には茶屋《ちゃや》が並《なら》び、多《おお》くの人々《ひとびと》がそこで憩《いこ》いの時間《じかん》を過《す》ごすようになりました。

ここからは、今《いま》なお日本《にほん》中《じゅう》に残《のこ》る寺社《じしゃ》と菓子《かし》のつながりを見《み》ていきましょう。寺社《じしゃ》の歴史《れきし》や信仰《しんこう》と深《ふか》く結《むす》びついた、その土地《とち》ならではの菓子《かし》を発見《はっけん》することができるでしょう。

上《うえ》／広重《ひろしげ》、豊国《とよくに》「江戸自慢三十六興《えどじまんさんじゅうろっきょう》 向嶋堤《むこうじまつつみ》ノ《の》花并《はなならび》ニ《に》さくら餅《もち》」
下《した》／広重《ひろしげ》、豊国《とよくに》「江戸自慢三十六興《えどじまんさんじゅうろっきょう》 目黒不動餅花《めぐろふどうもちばな》」

浅草待乳山聖天宮門前《あさくさまつちやましょうでんぐうもんぜん》で販売《はんばい》され流行《りゅうこう》した米《こめ》まんじゅう。北尾政演《きたおまさのぶ》画作《がさく》「米饅頭始《こめまんじゅうはじめ》：2巻《かん》」（国立国会図書館所蔵《こくりつこっかいとしょかんしょぞう》）

桜《さくら》もち × 長命寺《ちょうめいじ》

東京《とうきょう》

桜《さくら》の葉《は》を活《い》かした花見土産《はなみみやげ》の定番《ていばん》に

江戸幕府《えどばくふ》の8代将軍《だいしょうぐん》、徳川吉宗《とくがわよしむね》が行《おこな》った江戸幕府《えどばくふ》の政治改革《せいじかいかく》である「享保《きょうほう》の改革《かいかく》」。その一《ひと》つとして、隅田川《すみだがわ》の堤防《ていぼう》に桜《さくら》を植《う》えると、この地《ち》を花見客《はなみきゃく》が多《おお》く訪《おとず》れるようになりました。享保《きょうほう》2年《ねん》（1717）、長命《ちょうめい》寺《じ》の門番《もんばん》であった山本新《やまもとしん》六《ろく》が、「桜《さくら》の葉《は》を何《なに》かに使《つか》えないか」と考《かんが》え、塩漬《しおづ》けにした桜《さくら》の葉《は》でもちを包《つつ》む桜《さくら》もちが生《う》まれたと言《い》われています。以来《いらい》300年《ねん》を超《こ》えて、変《か》わらぬ素材《そざい》と作《つく》り方《かた》で、隅田川《すみだがわ》の花見《はなみ》土産《みやげ》の定番《ていばん》となっています。

長命寺桜《ちょうめいじさくら》もち

江戸《えど》の名所《めいしょ》として多《おお》くの浮世絵《うきよえ》にも描《えが》かれた「長《ちょう》命寺桜《めいじさくら》もち」。創業《そうぎょう》以来《いらい》、無添加《むてんか》にこだわり、桜《さくら》もちだけを作《つく》り続《つづ》けています

東京都墨田区向島《とうきょうとすみだくむこうじま》 5-1-14

×

長命寺《ちょうめいじ》

3代将軍家光《だいしょうぐんいえみつ》が鷹狩《たかがり》に来《き》た際《さい》に腹痛《ふくつう》を起《お》こし、般若水《はんにゃすい》（井戸水《いどみず》）で薬《くすり》を飲《の》んだところ治《おさ》まったことから、「長命《ちょうめい》寺《じ》」と名《な》をいただきました

東京都墨田区向島《とうきょうとすみだくむこうじま》 5-4-4

新潟《にいがた》

彌彦神社《やひこじんじゃ》×玉《たま》兎《うさぎ》

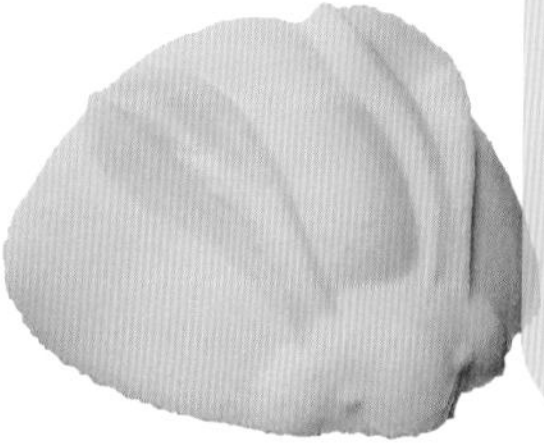

神様《かみさま》への感謝《かんしゃ》を形《かたち》に愛《あい》らしいうさぎの姿《すがた》

古《ふる》くから霊山《れいざん》として崇《あが》められてきた弥彦山《やひこやま》。かつて、たくさんのうさぎが住《す》み、毎日《まいにち》のように里《さと》に下《お》りて田畑《たはた》を荒《あ》らしていました。困《こま》り果《は》てた農民《のうみん》は、彌彦神社《やひこじんじゃ》の神様《かみさま》に頼《たの》み、うさぎたちに田畑《たはた》を荒《あ》らさないように話《はな》し聞《き》かせてもらいました。するとうさぎたちは、今後《こんご》、里《さと》に下《お》りていたずらをしないと約束《やくそく》しました。それに感《かん》謝《しゃ》して、うさぎの姿《すがた》をした「良幸餅《うさちもち》」を農民《のうみん》が差《さ》し上《あ》げたところ、神様《かみさま》は大変喜《たいへんよろこ》ばれたと伝《つた》わっています。

糸屋《いとや》

新潟県産《にいがたけんさん》のもち米粉《ごめこ》を使《つか》った粉菓子《こながし》である玉兎《たまうさぎ》を販売《はんばい》。あん入《い》りや和三盆《わさんぼん》を使用《しよう》したものも。うさぎの形のチョコレートも人気《にんき》

新潟県西蒲原郡弥彦村弥彦《にいがたけんにしかんばらぐんやひこむらやひこ》 1281

×

彌彦神社《やひこじんじゃ》

2400年以上《ねんいじょう》の歴史《れきし》をもち、朝廷《ちょうてい》や武将《ぶしょう》、幕府《ばくふ》からも守《まも》られた。「おやひこさま」と慕《した》われる、この地域《ちいき》を切《き》り開《ひら》いた神様《かみさま》です

新潟県西蒲原郡弥彦村弥彦《にいがたけんにしかんばらぐんやひこむらやひこ》 2887-2

赤福餅《あかふくもち》 × 伊勢神宮《いせじんぐう》

三重《みえ》

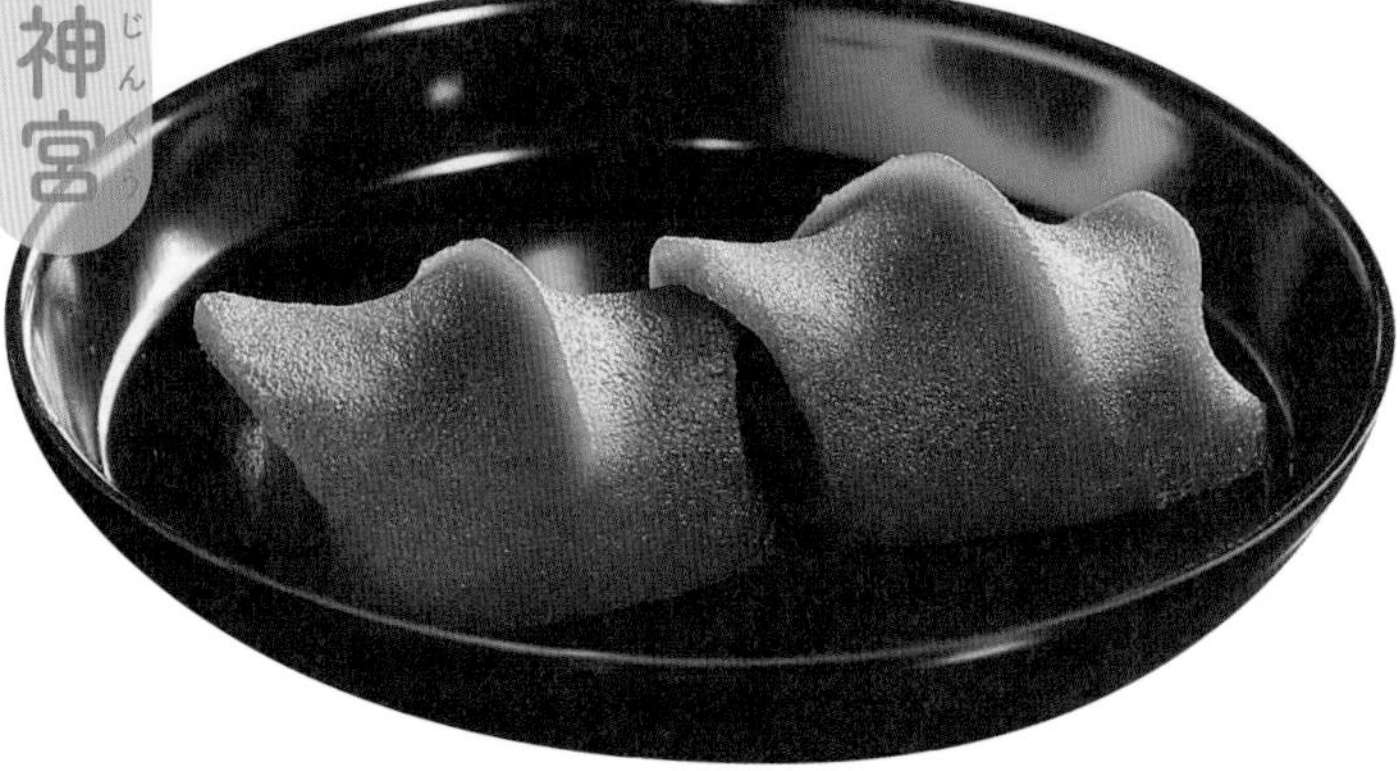

五十鈴川《いすずがわ》を表《あらわ》した名物赤福餅《めいぶつあかふくもち》

江戸時代《えどじだい》には庶民《しょみん》の間《あいだ》で伊勢神宮《いせじんぐう》に参拝《さんぱい》する「伊勢《いせ》参《まい》り」が大流行《だいりゅうこう》。500万人《にん》が訪《おとず》れた年《とし》もあったとか。今《いま》なお日本中《にほんじゅう》から多《おお》くの人々《ひとびと》が訪《おとず》れる伊勢神宮《いせじんぐう》。内宮《ないくう》(皇大神宮《こうたいじんぐう》)と外宮《げくう》(豊受大神宮《とようけだいじんぐう》)を中心《ちゅうしん》とする神宮《じんぐう》は「お伊勢《いせ》さん」と呼《よ》ばれ親《した》しまれてきました。

伊勢神宮《いせじんぐう》を訪《おとず》れる人々《ひとびと》を魅了《みりょう》したのが、もちにこしあんをのせた赤福餅《あかふくもち》。形《かたち》は神宮神域《じんぐうしんいき》を流《なが》れる五十鈴川《いすずがわ》を表《あらわ》し、白《しろ》いもちは川底《かわぞこ》の小石《こいし》、あんの三筋《みすじ》は川《かわ》の流《なが》れを表《あらわ》しています。

赤福本店《あかふくほんてん》

宝永《ほうえい》4年《ねん》(1707) 創業《そうぎょう》。以来《いらい》、変《か》わらずお伊勢参《いせまい》りの人々《ひとびと》を迎《むか》えています。本店《ほんてん》は明治《めいじ》10年《ねん》(1877)より変《か》わらない姿《すがた》です

三重県伊勢市宇治中之切町《みえけんいせしうじなかのきりちょう》 26

×

伊勢神宮《いせじんぐう》

皇祖神《こうそしん》・天照大御神《あまてらすおおみかみ》をまつる皇大神宮《こうたいじんぐう》(内宮《ないくう》)と産業《さんぎょう》の守《まも》り神《がみ》である豊受大神宮《とようけだいじんぐう》(外宮《げくう》)を含《ふく》む125の宮社《きゅうしゃ》からなる神宮《じんぐう》

三重県伊勢市宇治館町《みえけんいせしうじたちちょう》 1

写真提供《しゃしんていきょう》:神宮司庁《じんぐうしちょう》

愛知《あいち》 津島神社《つしまじんじゃ》×あかだ・くつわ

今《いま》なお受《う》け継《つ》がれる そぼくな味《あじ》わい

津島神社《つしまじんじゃ》の縁起菓子《えんぎかし》である「あかだ」と「くつわ」。あかだは、平安時代《へいあんじだい》の高僧《こうそう》・空海《くうかい》（弘法大師《こうぼうだいし》）が悪病退散祈願《あくびょうたいさんきがん》として団子《だんご》をあげて供《そな》えたことに由来《ゆらい》し、唐果物《からくだもの》（8ページ）の流《なが》れをくむ、和菓子《わがし》のルーツと言《い》われています。仏教《ぶっきょう》で薬《くすり》を意味《いみ》する「阿伽陀《あかだ》」に由来《ゆらい》します。くつわは、津島神社《つしまじんじゃ》の神事《しんじ》である茅《ち》の輪《わ》くぐりの輪《わ》をかたどったもので、神馬《しんめ》の口《くち》にかませるくつわに似《に》ていることからその名《な》がついたとされます。

あかだ屋清七《やせいしち》

あかだ・くつわを昔《むかし》ながらの製法《せいほう》で作《つく》り続《つづ》けています。くつわは昭和《しょうわ》54年《ねん》に津島市《つしまし》の文化財《ぶんかざい》・祖先《そせん》の遺産《いさん》に指定《してい》されました

愛知県津島市祢宜町《あいちけんつしましねぎまち》1

×

津島神社《つしまじんじゃ》

西暦《せいれき》540年《ねん》に鎮座《ちんざ》したと伝《つた》わる津島神社《つしまじんじゃ》。厄《やく》よけの守護神《しゅごしん》として信仰《しんこう》を集《あつ》め、全国《ぜんこく》に約《やく》3,000社《しゃ》ある天王社《てんのうしゃ》の総本社《そうほんしゃ》です

愛知県津島市神明町《あいちけんつしまししんめいちょう》1

愛《あい》知《ち》

熱田神宮《あつたじんぐう》 × きよめ餅《もち》・藤団子《とうだんご》

愛《あい》らしい姿《すがた》の菓子《かし》が神宮《じんぐう》の歴史《れきし》を伝《つた》える

日本神話《にほんしんわ》にもとづく天《てん》皇《のう》の位《くらい》を示《しめ》す3種類《しゅるい》の宝物《ほうもつ》「三種《さんしゅ》の神器《じんぎ》」の一《ひと》つ、草薙神剣《くさなぎのみつるぎ》をご神体《しんたい》とする「熱田神宮《あつたじんぐう》」。藤団子《とうだんご》は、平安時代《へいあんじだい》に大宮司《だいぐうじ》となった藤原氏《ふじわらし》にちなみ、米粉《こめこ》でつくり、神《かみ》に仕《つか》える神官《しんかん》の家《いえ》から売《う》り出《だ》したのが始《はじ》まりと言《い》われています。また、天明《てんめい》5年《ねん》（1785）頃《ころ》に「きよめ茶屋《ちゃや》」が設《もう》けられ、人々《ひとびと》がお茶《ちゃ》を飲《の》み、疲《つか》れを休《やす》め、姿《すがた》を正《ただ》して参拝《さんぱい》するようになりました。その茶屋《ちゃや》にちなんだ「きよめ餅《もち》」が人気《にんき》になりました。

きよめ総本家《そうほんけ》

つるんとした羽二重《はぶたえ》もちで濃厚《のうこう》なこしあんを包《つつ》んだ「きよめ餅《もち》」は名古屋名《なごやめい》物《ぶつ》に。藤団子《とうだんご》は毎月《まいつき》15日《にち》のみ販売《はんばい》しています

愛知県名古屋市熱田区神宮《あいちけんなごやしあつたくじんぐう》 3-7-21

×

熱田神宮《あつたじんぐう》

日本武尊《やまとたけるのみこと》がなくなると、妃《きさき》である宮簀媛命《みやすひめのみこと》が、「草《くさ》薙神剣《なぎのみつるぎ》」をこの地《ち》にまつったのが、熱田神宮《あつたじんぐう》の始《はじ》まりと言《い》われています

愛知県名古屋市熱田区神宮《あいちけんなごやしあつたくじんぐう》 1-1-1

静《しず》岡《おか》

法多山《はったさん》 尊永寺《そんえいじ》 × 厄除《やくよけ》だんご

将軍家《しょうぐんけ》に献上《けんじょう》され、命名《めいめい》された団子《だんご》

本尊《ほんぞん》の正観世音菩薩《しょうかんぜおんぼさつ》は厄《やく》よけ開運《かいうん》のご利益《りやく》があり、「厄除観音《やくよけかんのん》」と呼《よ》ばれてきました。江戸時代《えどじだい》、毎年正月《まいとししょうがつ》に幕府《ばくふ》の幸運《こううん》が長《なが》く続《つづ》くことや世《よ》の中《なか》が穏《おだ》やかなこと、穀物《こくもつ》が豊《ゆた》かに実《みの》ることを願《ねが》い、お札《ふだ》と名産品《めいさんひん》を献上《けんじょう》する習《なら》わしがありました。13代《だい》将軍徳川家《しょうぐんとくがわいえ》定《さだ》の頃《ころ》、門前《もんぜん》に住《す》む寺士《てらし》・八左工門《はちざえもん》の発案《はつあん》で、観世音《かんぜおん》名物団子《めいぶつだんご》が登城《とじょう》土産《みやげ》に添《そ》えられた際《さい》、将軍家《しょうぐんけ》により「くし団子《だんご》」と命名《めいめい》。のち、「厄除《やくよけ》だんご」と親《した》しまれるようになりました。

法多山《はったさん》 尊永寺《そんえいじ》

725年創建《ねんそうけん》。高野山真言宗《こうやさんしんごんしゅう》の別格本山《べっかくほんざん》。国指定重要《くにしていじゅうよう》文化財《ぶんかざい》に指定《してい》されている仁王門《におうもん》や金銅五種鈴《こんどうごしゅれい》など四《よっ》つの文化財《ぶんかざい》があります

静岡県袋井市豊沢《しずおかけんふくろいしとよさわ》2777

×

法多山名物《はったさんめいぶつ》 だんご企業組合《きぎょうくみあい》

参拝後《さんぱいご》は、歩《ある》き疲《つか》れた体《からだ》をいやしてくれるだんご茶《ちゃ》屋《や》へ。「さくらだんご」や「栗《くり》だんご」など季節限定《きせつげんてい》の団子《だんご》も人気《にんき》です

静岡県袋井市豊沢《しずおかけんふくろいしとよさわ》2777

滋賀《しが》 多賀大社《たがたいしゃ》 × 糸切餅《いときりもち》

赤青《あかあお》の線《せん》が神風《かみかぜ》の逸話《いつわ》を伝承《でんしょう》

「お多賀《たが》さん」の名《な》で親《した》しまれる滋賀県《しがけん》第一《だいいち》の大社《たいしゃ》「多賀大社《たがたいしゃ》」。古《ふる》くから延《えん》命長寿《めいちょうじゅ》、縁結《えんむす》び、厄《やく》よけの神様《かみさま》として信仰《しんこう》を集《あつ》めてきました。

多賀大社《たがたいしゃ》にゆかりのある菓子《かし》が「糸切餅《いときりもち》」です。鎌倉時代《かまくらじだい》、蒙古軍《もうこぐん》の襲撃《しゅうげき》の際《さい》に吹《ふ》いた「神風《かみかぜ》」は有名《ゆうめい》ですが、その戦勝《せんしょう》記念《きねん》として、里人《さとびと》が蒙古軍《もうこぐん》の旗《はた》印《じるし》の赤青《あかあお》三筋《みすじ》の線《せん》を描《えが》き、それを刃物《はもの》を使《つか》わずに三《しゃ》味線《みせん》の糸《いと》で切《き》って御神前《ごしんぜん》に供《そな》えたのが始《はじ》まりと言《い》われています。

莚寿堂本舗《えんじゅどうほんぽ》

明治《めいじ》12年《ねん》(1879)創業《そうぎょう》。少《すこ》し塩気《しおけ》の効《き》いたあんともちのバランスが良《よ》く、優《やさ》しい味《あじ》わい。お多賀参《たがまい》りの人々《ひとびと》の疲《つか》れをいやしてきました

滋賀県犬上郡多賀町多賀《しかけんいぬかみぐんたがちょうたが》599

×

多賀大社《たがたいしゃ》

鎌倉時代《かまくらじだい》から江戸時代《えどじだい》にかけて信仰《しんこう》が広《ひろ》まり、全国《ぜんこく》の分社《ぶんしゃ》は239社《しゃ》に及《およ》びます。桜《さくら》や紅葉《こうよう》も見事《みごと》で滋賀《しが》の名勝《めいしょう》にもなっています

滋賀県犬上郡多賀町多賀《しがけんいぬかみぐんたがちょうたが》604

岡山《おかやま》

吉備津神社《きびつじんじゃ》×きびだんご

桃太郎伝説《ももたろうでんせつ》に通《つう》じる岡山《おかやま》を代表《だいひょう》する銘菓《めいか》

吉備津神社《きびつじんじゃ》には童話《どうわ》『桃太郎《ももたろう》』の元《もと》となった、朝鮮三国《ちょうせんさんごく》の一《ひと》つ、百済《くだら》の国《くに》の王子《おうじ》である「うら」（伝承《でんしょう》上《じょう》のおに・人物《じんぶつ》）退治《たいじ》の話《はなし》が残《のこ》っています。うらが吉備国《きびのくに》で暴《あば》れていたため、人々《ひとびと》は朝廷《ちょうてい》に助《たす》けを求《もと》めました。そこで皇子《おうじ》である大《おお》吉備津《きびつ》彦《ひこの》命《みこと》が遣《つか》わされ、見事征伐《みごとせいばつ》。里《さと》は平和《へいわ》を取《と》り戻《もど》し、この地《ち》に大吉備津《おおきびつ》彦《ひこの》命《みこと》がまつられました。

江戸時代《えどじだい》には、参拝土産《さんぱいみやげ》としてきびだんごが売《う》られるようになり、今《いま》では岡山《おかやま》土産《みやげ》の定番《ていばん》となりました。

廣榮堂《こうえいどう》 中納言本店《ちゅうなごんほんてん》

安政《あんせい》3年《ねん》(1856) 創業《そうぎょう》。国産《こくさん》のもち米《ごめ》に、砂糖《さとう》と水《みず》あめ、きびを加《くわ》えたシンプルな素材《そざい》。お茶菓子《ちゃがし》としても好《この》まれています

岡山県岡山市中区中納言町《おかやまけんおかやましなかくちゅうなごんちょう》 7-32

×

吉備津神社《きびつじんじゃ》

大吉備津彦命を主神《しゅしん》とし、その異母弟《いぼてい》の若日子建《わかひこたけ》吉備津日子命《きびつひこのみこと》と、その子《こ》吉《き》備武彦命《びたけひこのみこと》など、一族《いちぞく》の神々《かみがみ》をあわせまつっています

岡山県岡山市北区吉備津《おかやまけんおかやましきたくきびつ》 931

加美代飴《かみよあめ》 × 金刀比羅宮《ことひらぐう》

香川《かがわ》

金刀比羅宮境内《ことひらぐうけいだい》 傘《かさ》の下《した》に並《なら》ぶあめ

琴平山《ことひらやま》(象頭山《ぞうずさん》)の中腹《ちゅうふく》に鎮座《ちんざ》する金刀比羅宮《ことひらぐう》。「こんぴらさん」の名《な》で親《した》しまれ、江戸時代《えどじだい》は伊勢参《いせまい》りと同《おな》じほどに人気《にんき》を集《あつ》めました。その境内《けいだい》の、5つの大《おお》きな白《しろ》い傘《かさ》の下《した》で売《う》られているのが「加美代《かみよ》飴《あめ》」です。この五軒《ごけん》のあめ屋《や》は「五人百姓《ごにんびゃくしょう》」と言《い》われ、御宮《おみや》の神事《しんじ》・祭事《さいじ》で重要《じゅうよう》な役割《やくわり》を担《にな》う五家《ごけ》のことです。御祭神《ごさいしん》に仕《つか》えていた功労《こうろう》が称《たた》えられ、特別《とくべつ》に境内《けいだい》での営業《えいぎょう》が許《ゆる》され、今《いま》なお境内《けいだい》に5つの傘《かさ》が開《ひら》かれています。

五人百姓《ごにんびゃくしょう》

原材料《げんざいりょう》は、砂糖《さとう》・水《みず》あめ・柚子油《ゆずあぶら》。ほのかに香《かお》る柚《ゆ》子《ず》の香《かお》りが爽《さわ》やかです。小槌《こづち》で割《わ》ってご利益《りやく》を分《わ》けて頂《いただ》くことができます

香川県仲多度郡琴平町《かがわけんなかたどぐんことひらちょう》 933
金刀比羅宮《ことひらぐう》 表参道《おもてさんどう》 365 段目《だんめ》 境内《けいだい》

×

金刀比羅宮《ことひらぐう》

古来《こらい》から、農業《のうぎょう》・産業《さんぎょう》・医《い》薬《やく》・海上守護《かいじょうしゅご》の神《かみ》として信仰《しんこう》されています。本宮《ほんぐう》までの 785 段《だん》の石段《いしだん》や「幸《しあわ》せの黄色《きいろ》いお守《まも》り」が有名《ゆうめい》

香川県仲多度郡琴平町《かがわけんなかたどぐんことひらちょう》 892-1

レポート

出来《でき》たての生菓子《なまがし》を味《あじ》わう

お茶会《ちゃかい》の歴史《れきし》とともに発展《はってん》してきた生菓子《なまがし》。職人《しょくにん》の感性《かんせい》や個性《こせい》が表《あらわ》れる繊細《せんさい》な菓子《かし》が生《う》まれる瞬間《しゅんかん》を見《み》つめる

手間暇《てまひま》を惜《お》しまず 格調高《かくちょうたか》い菓子《かし》を

享和《きょうわ》3年《ねん》(1803)創業《そうぎょう》の「京菓匠《きょうかしょう》 鶴屋吉《つるやよし》信《のぶ》」は、「ヨキモノヲツクル為《ため》ニ材料《ざいりょう》、手間《てま》ヒマヲ惜《お》シマヌ事《こと》」を家訓《かくん》に、最高《さいこう》の材料《ざいりょう》と最高《さいこう》の風味《ふうみ》、格調高《かくちょうたか》い意匠《いしょう》を大《たい》切《せつ》に、お客様《きゃくさま》に喜《よろこ》ばれる菓子作《かしつく》りを行《おこな》っています。

本店《ほんてん》と東京店《とうきょうみせ》には、「菓《か》遊茶屋《ゆうちゃや》」があり、職人《しょくにん》が心《こころ》を込《こ》めて生菓子《なまがし》を作《つく》る姿《すがた》や繊細《せんさい》な工程《こうてい》を間近《まぢか》で見《み》て味《あじ》わうことができます。

粒《つぶ》あんにきんとんをふんわりと乗《の》せていく、「きんとん」

夏《なつ》に青《あお》い花《はな》を咲《さ》かせる露草《つゆくさ》を表現《ひょうげん》した涼《すず》やかな「つゆくさ」

粒《つぶ》あんをういろうで包《つつ》んだ「てっせん」。初夏《しょか》を彩《いろど》る鉄線《てっせん》を表《あらわ》します

上《うえ》／秋《あき》の味覚《みかく》を代表《だいひょう》するくりを使用《しよう》した「栗《くり》きんとん」
下《した》／御所《ごしょ》に咲《さ》く高貴《こうき》な菊《きく》を表現《ひょうげん》した「御園菊《みそのぎく》」

「菓遊茶屋《かゆうぢゃや》」で味《あじ》わえる季節《きせつ》の生菓子《なまがし》とお抹茶《まっちゃ》

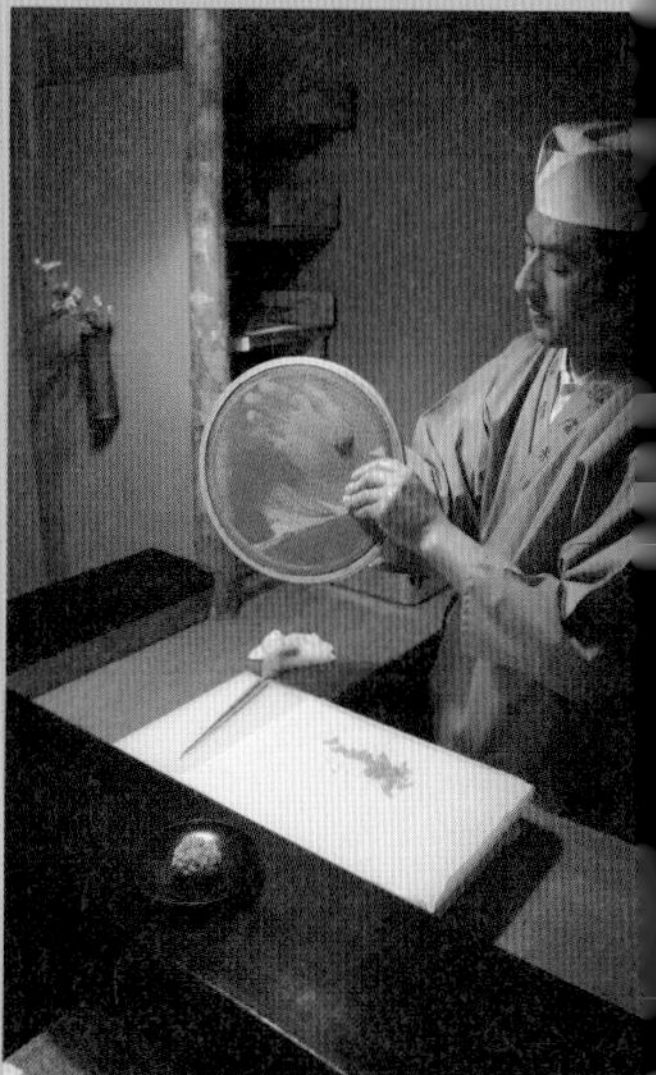

生菓子《なまがし》を製作《せいさく》する美《うつく》しい工程《こうてい》を見《み》ながら、職人《しょくにん》との会話《かいわ》も楽《たの》しみたいですね。より深《ふか》い生菓子《なまがし》の魅力《みりょく》を知《し》ることができるでしょう

生菓子《なまがし》を生《う》み出《だ》す
職人《しょくにん》の繊細《せんさい》な手仕事《てしごと》

現在《げんざい》「菓遊茶屋《かゆうぢゃや》」に立《た》つ和菓子《わがし》職人《しょくにん》は、次《つぎ》のように話《はな》します。「『菓遊茶屋《かゆうぢゃや》』は、生菓子《なまがし》を作《つく》る技術《ぎじゅつ》や魅《み》力《りょく》をお客様《きゃくさま》に感《かん》じていただく大事《だいじ》な空間《くうかん》です。また、お客様《きゃくさま》に頂《いただ》いたご意見《いけん》や考《かんが》えを工場《こうじょう》に伝《つた》え、工場《こうじょう》の職人《しょくにん》の考《かんが》えをお客様《きゃくさま》に伝《つた》えるという、コミュニケーションの場《ば》としても大切《たいせつ》な場《ば》となっています」

いつも以上《いじょう》に、一《ひと》つ一《ひと》つの工程《こうてい》をゆっくりと見《み》せてくれる「菓遊茶屋《かゆうぢゃや》」。せわしない現代《げんだい》において、職《しょく》人《にん》の繊細《せんさい》な手仕事《てしごと》を見《み》つめ、お茶《ちゃ》と生菓子《なまがし》を味《あじ》わう時間《じかん》は、貴重《きちょう》な時間《じかん》とも言《い》えるでしょう。

季節《きせつ》の情景《じょうけい》や自然《しぜん》の美《うつく》しさを表現《ひょうげん》する生菓子《なまがし》。見《み》る者《もの》の創造力《そうぞうりょく》をかき立《た》て、目《め》で見《み》ても、食《た》べても美味《おい》しい菓子《かし》作《づく》りの魅力《みりょく》を肌《はだ》で感《かん》じてみてはいかがでしょうか。

京菓匠《きょうかしょう》　鶴屋吉信《つるやよしのぶ》

［本店《ほんてん》 2 階《かい》］
京都府京都市
上京区西船橋町 340-1

［TOKYO MISE《トウキョウ ミセ》］
東京都中央区日本橋室町 1-5-5
COREDO《コレド》 室町《むろまち》 3・1F

第《だい》4章《しょう》「今《いま》に伝《つた》わる和菓子《わがし》のルーツ」の見方《みかた》

【らくがん】

始まりには様々な言い伝えあり。雁を詠んだ和歌から名付けられたという一説も

上品な色や形 茶席でも好ま

日本の三名菓の一つに数えられる森八の落雁「長生殿」

茶席やお供え物の伝統的な菓子である落雁。その始まりには様々な言い伝えがあり、大昔の中国の「軟落甘」という菓子から来ているとも、近江八景の一つ「堅田の落雁」に因んでいるとも言われています。また、江戸時代、後陽成天皇が黒ごまを雁に例えて「白山の 雪より高き 菓子の名は 四方の千里に 落つる雁かな」と詠んだことからという説もあります。

作り方は、米や麦などの粉に水あめや砂糖などを加えて木型に入れ、打ち出して作ります。大豆、くず、くりの粉を使う地域もあります。

木型には様々なデザインがほられており、お祝い用にはおめでたい柄とされる松竹梅、鯛、海老、鶴亀、おくやみごとには菊、蓮の花などの模様が彫られた木型が使われることが多くあります。

1924年、宮内省（現在の宮内庁）に納められた菊花御紋章や五三桐の落雁

石川県金沢市大手町の森八本店。「長生殿」をはじめ上生菓子、羊かんなど様々な菓子をそろえています

1924年、宮内省に納める菓子をつくっているところ

本店2階にへい設する「金沢菓子木型美術館」。江戸時代から使われてきた菓子木型が千数百点、展示されています

◎森八

「森八」は1625年創業。加賀藩にも納める菓子屋として始まり、約400年続く店です。加賀藩は初代藩主・前田利家が千利休に茶道を学び、3代目の利常も好んだため、茶道に欠かせない菓子文化が発展しました。「森八」3代目の八左衛門は、利常の依頼で紅白の落雁を作ったところ、将軍家の茶道を指導する小堀遠州が「長生殿」と名付けました。日本三名菓の一つに数えられています。

石川県金沢市大手町10-15

89

88

❶ 和菓子《わがし》の名前《なまえ》です

❷ 現在《げんざい》に伝《つた》わる❶の和菓子《わがし》の画像《がぞう》です

❸ 和菓子《わがし》の製法《せいほう》や材料《ざいりょう》はそれぞれの店《みせ》で違《ちが》いがありますが、一般的《いっぱんてき》なものを紹介《しょうかい》するほか、発祥《はっしょう》や歴史《れきし》、エピソードなどを紹介《しょうかい》しています

❹ 販売《はんばい》されている和菓子《わがし》や店《みせ》に伝《つた》わる歴史的資料《れきしてきしりょう》など解説《かいせつ》しています

❺ ❶の和菓子《わがし》を販売《はんばい》している和菓子店《わがしてん》の歴史《れきし》を紹介《しょうかい》しています

第《だい》4章《しょう》

今《いま》に伝《つた》わる和菓子《わがし》のルーツ

代表的《だいひょうてき》な和菓子《わがし》のルーツと、
その味《あじ》を今《いま》に伝《つた》える和菓子店《わがしてん》を紹介《しょうかい》します

【らくがん】

始《はじ》まりには様々《さまざま》な言《い》い伝《つた》えあり。雁《かり》を詠《よ》んだ和歌《わか》から名付《なづ》けられたという一説《いっせつ》も

日本《にほん》の三名菓《さんめいか》の一《ひと》つに数《かぞ》えられる森八《もりはち》の落雁《らくがん》「長生殿《ちょうせいでん》」

上品《じょうひん》な色《いろ》や形《かたち》が茶席《ちゃせき》でも好《この》まれる

茶席《ちゃせき》やお供《そな》え物《もの》の伝統《でんとう》的《てき》な菓子《かし》である落雁《らくがん》。その始《はじ》まりには様々《さまざま》な言《い》い伝《つた》えがあり、大昔《おおむかし》の中国《ちゅうごく》の「軟楽甘《なんらくかん》」という菓子《かし》から来ているとも、近江八景《おうみはっけい》の一《ひと》つ「堅田《かたた》の落雁《らくがん》」に因《ちな》んでいるとも言《い》われています。また、江戸時代《えどじだい》、後陽成天皇《ごようぜいてんのう》が黒《くろ》ごまを雁《かり》に例《たと》えて「白山《はくさん》の 雪《ゆき》より高《たか》き 菓子《かし》の名《な》は 四方《よも》の千里《せんり》に 落《お》つる雁《かり》かな」と詠《よ》んだことからという説《せつ》もあります。

作《つく》り方《かた》は、米《こめ》や麦《むぎ》などの粉《こな》に水《みず》あめや砂糖《さとう》などを加《くわ》えて木型《きがた》に入《い》れ、打《う》ち出《だ》して作《つく》ります。大豆《だいず》、くず、くりの粉《こな》を使《つか》う地域《ちいき》もあります。

木型《きがた》には様々《さまざま》なデザインがほられており、お祝《いわ》い用《よう》にはおめでたい柄《がら》とされる松竹梅《しょうちくばい》、鯛《たい》、海老《えび》、鶴亀《つるかめ》、おくやみごとには菊《きく》、蓮《はす》の花《はな》などの模様《もよう》が彫《ほ》られた木型《きがた》が使《つか》われることが多《おお》くあります。

1924年《ねん》、宮内省《くないしょう》(現在《げんざい》の宮内庁《くないちょう》)に納《おさ》められた菊花紋章《きっかもんしょう》や五三桐《ごさんのきり》の落雁《らくがん》

石川県金沢市大手町《いしかわけんかなざわしおおてまち》の森八本店《もりはちほんてん》。「長生殿《ちょうせいでん》」をはじめ上生菓子《じょうなまがし》、羊《よう》かんなど様々《さまざま》な菓子《かし》をそろえています

1924年《ねん》、宮内省《くないしょう》に納《おさ》める菓子《かし》をつくっているところ

本店《ほんてん》2階《かい》にへい設《せつ》する「金沢菓子木型美術館《かなざわかしきがたびじゅつかん》」。江戸時代《えどじだい》から使《つか》われてきた菓《か》子木型《しきがた》が千数百点《せんすうひゃくてん》、展示《てんじ》されています

◎森八《もりはち》

「森八《もりはち》」は1625年創業《ねんそうぎょう》。加賀藩《かがはん》にも納《おさ》める菓子屋《かしや》として始《はじ》まり、約《やく》400年続《ねんつづ》く店《みせ》です。加賀藩《かがはん》は初代藩主《しょだいはんしゅ》・前田利家《まえだとしいえ》が千利休《せんのりきゅう》に茶道《さどう》を学《まな》び、3代目《だいめ》の利常《としつね》も好《この》んだため、茶道《さどう》に欠《か》かせない菓子文化《かしぶんか》が発展《はってん》しました。

「森八《もりはち》」3代目《だいめ》の八左衛門《はちざえもん》は、利常《としつね》の依頼《いらい》で紅白《こうはく》の落雁《らくがん》を作《つく》ったところ、将軍家《しょうぐんけ》の茶道《さどう》を指導《しどう》する小堀遠州《こぼりえんしゅう》が「長生殿《ちょうせいでん》」と名付《なづ》けました。日本三名菓《にほんさんめいか》の一《ひと》つに数《かぞ》えられています。

石川県金沢市大手町《いしかわけんかなざわしおおてまち》10-15

【ういろう】

もっちりとした食感《しょっかん》が特徴《とくちょう》。
歌舞伎《かぶき》の演目《えんもく》でも知《し》られる薬《くすり》

「白砂糖《しろざとう》」「抹茶《まっちゃ》」「小豆《あずき》」など、現在《げんざい》もそぼくな味《あじ》わいを守《まも》っています(ういろう)

薬《くすり》と菓子《かし》のういろう 同《おな》じ名前《なまえ》の理由《りゆう》は？

「外郎《ういろう》」と書《か》いて「ういろう」。神奈川県小田原市《かながわけんおだわらし》や愛知県名古屋市《あいちけんなごやし》の名物《めいぶつ》として知《し》られるういろう。始《はじ》まりは室町時代《むろまちじだい》、中国《ちゅうごく》から渡来《とらい》した医薬師《いやくし》・陳《ちん》延祐《えんゆう》が日本《にほん》へ帰化《きか》(日本《にほん》の国《こく》せきを取得《しゅとく》)し、中国《ちゅうごく》での役職名《やくしょくめい》に因《ちな》んで「外《うい》郎《ろう》」を名乗《なの》りました。家《か》伝薬《でんやく》の「透頂香《とうちんこう》」は、はば広《ひろ》い効能《こうのう》から高《たか》く評価《ひょうか》され家名《かめい》より「ういろう」の愛称《あいしょう》で多《おお》くの話《はなし》を残《のこ》しています。歌舞伎《かぶき》の演目《えんもく》『外《うい》郎売《ろううり》』でも、「胃心肺肝《いしんぱいかん》が健《すこ》やかになって、万病速攻《まんびょうそっこう》あること神《かみ》の如《ごと》し」とよく効《き》く薬《くすり》として登場《とうじょう》。

なぜ薬《くすり》のういろうが菓《か》子《し》の名《な》にもなったのでしょう。それは、約《やく》600年前《ねんまえ》に外郎家《ういろうけ》が接待用《せったいよう》に考案《こうあん》した菓子《かし》が評判《ひょうばん》となり、こちらも家名《かめい》が愛称《あいしょう》となったため。栄養薬《えいようやく》として仕入《しい》れていた黒砂糖《くろざとう》と米粉《こめこ》を蒸《む》した菓子《かし》で、薬屋《くすりや》ならではの菓子《かし》だといえるでしょう。

上《うえ》／お城《しろ》のように見《み》える店《みせ》の外観《がいかん》は小田原《おだわら》のランドマークにもなっています

下《した》／外郎博物館内《ういろうはくぶつかんない》には、650年《ねん》の歴史《れきし》を伝《つた》える資料《しりょう》が展示《てんじ》されています

豊国《とよくに》「外郎《ういろう》 虎屋東吉《とらやとうきち》」（国立国会図書館所蔵《こくりつこっかいとしょかんしょぞう》）。歌舞伎《かぶき》の『外郎売《ういろううり》』は一門《いちもん》・市川宗家《いちかわそうけ》のお家芸《いえげい》「歌舞伎十八番《かぶきじゅうはちばん》」の一《ひと》つ

◎ういろう

薬《くすり》のういろう「透頂香《とうちんこう》」を今《いま》に伝《つた》え、全国的《ぜんこくてき》に有名《ゆうめい》な菓子《かし》のういろうの始《はじ》まりでもある小田原《おだわら》の老舗《しにせ》「ういろう」。

こちらでは、薬《くすり》（透頂香《とうちんこう》）・菓子《かし》とともにその製《せい》法《ほう》が室町時代《むろまちじだい》より親《おや》から子《こ》へと伝《つた》えられ、現在《げんざい》で25代目《だいめ》。しき地内《ちない》の外郎《ういろう》博物館《はくぶつかん》でその歴史《れきし》も伝《つた》えています。菓子《かし》のういろうは、米粉《こめこ》を蒸《む》したモチモチとした食感《しょっかん》とそぼくな甘《あま》みが今《いま》でも人気《にんき》を集《あつ》めています。

神奈川県小田原市本町《かながわけんおだわらしほんちょう》 1-13-17

【こんぺいとう】

一つぶを作《つく》るのにかかる時間《じかん》は2週間《しゅうかん》以上《いじょう》。
色《いろ》も形《かたち》も可愛《かわい》らしい、南蛮《なんばん》から来《き》た菓子《かし》

南蛮菓子《なんばんがし》の中《なか》でも一際美《ひときわうつく》しい金平糖《こんぺいとう》は、将軍《しょうぐん》や大名《だいみょう》からも愛《あい》されました（緑寿庵《りょくじゅあん》清水《しみず》）

金平糖《こんぺいとう》を再現《さいげん》したい長崎《ながさき》の菓子職人《かししょくにん》の戦《たたか》い

安土桃山時代《あづちももやまじだい》から江戸《えど》時代初期《じだいしょき》にかけて、ポルトガル人《じん》の宣教師《せんきょうし》によって日本《にほん》に伝《つた》えられ、日本《にほん》の菓《か》子《し》に大《おお》きな影響《えいきょう》を与《あた》えたのが南蛮菓子《なんばんがし》です。中《なか》でもカステラと並《なら》ぶ、代表的《だいひょうてき》な南蛮菓子《なんばんがし》といえば金平《こんぺい》糖《とう》でしょう。

金平糖《こんぺいとう》が国内《こくない》で作《つく》られるようになったのは1684～1688年《ねん》と言《い》われ、長崎《ながさき》の菓子職人《かししょくにん》たちが金平糖《こんぺいとう》を自分《じぶん》たちでも作《つく》ろうと努力《どりょく》する様子《ようす》は、江戸時代《えどじだい》の小説家《しょうせつか》・井《い》原西鶴《はらさいかく》の『日本永代蔵《にっぽんえいたいぐら》』という小説《しょうせつ》にも描《えが》かれています。砂糖《さとう》をかける中心《ちゅうしん》となる材料《ざいりょう》は、ごまからやがてケシの実《み》へ。青花《あおばな》（つゆくさを絞《しぼ》った汁《しる》）やくちなし、灰《はい》ずみなどを使《つか》い、青色《あおいろ》、黄色《きいろ》、黒色《くろいろ》など、様々《さまざま》な色《いろ》の金平糖《こんぺいとう》を作《つく》ったといいます。そして、その製《せい》法《ほう》は長崎《ながさき》から江戸《えど》へと伝《つた》わり、多《おお》くの人々《ひとびと》に親《した》しまれるようになりました。

気温《きおん》や天候《てんこう》などで変化《へんか》するみつののう度《ど》を五感《ごかん》を頼《たよ》りにつかみ、釜《かま》の角度《かくど》や温度《おんど》を調整《ちょうせい》します

1917年《ねん》に開《ひら》かれた帝国製菓博覧会《ていこくせいかはくらんかい》で「有功銅牌《ゆうこうどうはい》」を授《さず》かった際《さい》の賞状《しょうじょう》

三段重《さんだんがさ》ねの木箱《きばこ》に入《はい》った詰《つ》め合《あ》わせは、おくり物《もの》にも喜《よろこ》ばれています

創業《そうぎょう》は弘化《こうか》4年《ねん》(1847)。今《いま》から110年《ねん》ほど前《まえ》の店舗外観《てんぽがいかん》

◎緑寿庵清水《りょくじゅあんしみず》

五代《ごだい》にわたり親《おや》から子《こ》へと受《う》け継《つ》がれた職人《しょくにん》技《わざ》で製造《せいぞう》・販売《はんばい》する京都《きょうと》で一軒《いっけん》だけの金平糖専門《こんぺいとうせんもん》店《てん》が「緑寿庵清水《りょくじゅあんしみず》」です。「酸《さん》や油分《ゆぶん》を加《くわ》えた砂糖《さとう》は固《かた》まらない」という常識《じょうしき》を変《か》えて、果物《くだもの》の果汁《かじゅう》やヨーグルト、くりやトマトなど、約《やく》60種類《しゅるい》の味《あじ》わいの金平糖《こんぺいとう》を生《う》み出《だ》しました。中心《ちゅうしん》にかけたみつが固《かた》まるのを待《ま》ち、またみつをかけて…とくり返《かえ》すこと約《やく》20日間《かかん》。レシピは存在《そんざい》せず、経験《けいけん》と五感《ごかん》が頼《たよ》りです。

京都府京都市左京区吉田泉殿町《きょうとふきょうとしさきょうくよしだいずみどのちょう》 38-2

【ようかん】

茶菓子《ちゃがし》としても良《よ》く使《つか》われる羊《よう》かん。その始《はじ》まりは中国《ちゅうごく》にありました

小豆《あずき》、寒天《かんてん》、砂糖《さとう》を主《おも》に用《もち》いる「練《ね》り羊《よう》かん」は江戸時代《えどじだい》に生《う》まれたと伝《つた》わります

肉《にく》を食《た》べないからこそ生《う》まれた和菓子《わがし》

小豆《あずき》やいも、くりなど、使《つか》われる素材《そざい》にも様々《さまざま》なバリエーションがある羊《よう》かんですが、本来《ほんらい》の中国語《ちゅうごくご》の意味《いみ》は菓子《かし》とは全《まった》く違《ちが》っており、「羊《ひつじ》のあつもの」、つまり羊《ひつじ》を使《つか》ったスープの事《こと》を指《さ》す言葉《ことば》でした。実際《じっさい》、室町時代《むろまちじだい》に書《か》かれた『食物服用之巻《しょくもつふくようのまき》』という書物《しょもつ》には動物《どうぶつ》の肉《にく》を使《つか》ったスープのことが書《か》かれています。それでは、なぜ動物《どうぶつ》のスープが甘《あま》い菓子《かし》を指《さ》すようになったのでしょう。一《ひと》つは日本人《にほんじん》には肉《にく》を食《た》べる習慣《しゅうかん》がほとんど無《な》かったため、小麦《こむぎ》粉《こ》や野菜《やさい》など、植物性《しょくぶつせい》の原《げん》料《りょう》を使《つか》った蒸《む》し羊《よう》かんを食《た》べていたからだといわれています。やがて江戸《えど》時代《じだい》に入《はい》ると、今《いま》のように砂糖《さとう》や寒天《かんてん》を使《つか》った羊《よう》かんが作《つく》られるようになり、人々《ひとびと》はその繊細《せんさい》な味《あじ》を楽《たの》しむように。日本人《にほんじん》の食《しょく》習慣《しゅうかん》が「羊《よう》かん」を誕生《たんじょう》させたといえるでしょう。

白《しろ》いんげんと小豆《あずき》を使《つか》い、立山《たてやま》に林立《りんりつ》する立山杉《たてやますぎ》の木《もく》目模様《めもよう》を表現《ひょうげん》した「杢目羊羹《もくめようかん》」。“年輪《ねんりん》を刻《きざ》む”縁起《えんぎ》の良《よ》さが愛《あい》されています

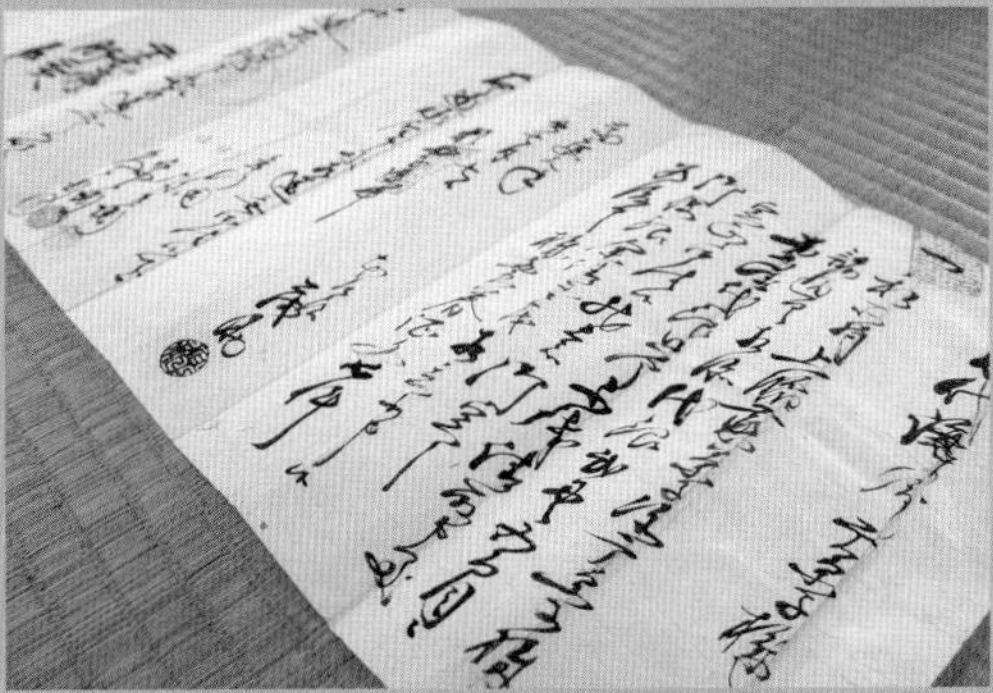

「鈴木亭《すずきてい》」の屋号《やごう》（自分《じぶん》の店《みせ》につける名前《なまえ》）、「鈴木《すずき》」の苗字《みょうじ》、「三《みっ》つうろこの商紋《しょうもん》」の使用《しよう》を認《みと》める古文書《こもんじょ》

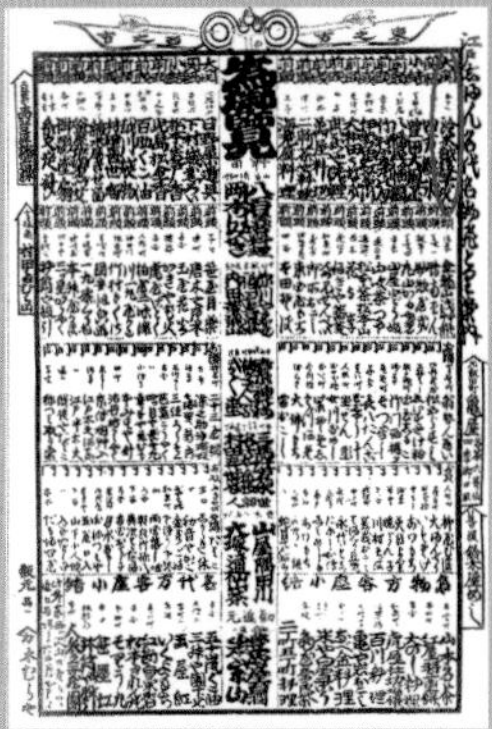

江戸《えど》の名物《めいぶつ》・名店《めいてん》の番付《ばんづけ》「江戸《えど》じまん名代名物《みょうだいめいぶつ》ひとり案内《あんない》」では、最高位《さいこうい》「大関《おおぜき》」に鈴木越《すずきえち》後《ご》の羊《よう》かんが記《しる》されています

◎ 鈴木亭《すずきてい》

江戸《えど》時代《じだい》、幕府《ばくふ》や大名《だいみょう》に菓子《かし》を納《おさ》めていた江戸《えど》の名店《めいてん》に「鈴木越後《すずきえちご》」がありました。ふるさとの越中《えっちゅう》（現在《げんざい》の富山県《とやまけん》）から江戸《えど》に向《む》かった13歳《さい》の少年《しょうねん》・岩城茂助《いわきもすけ》は鈴木越後《すずきえちご》で修業《しゅうぎょう》を積《つ》み、15年後《ねんご》「鈴木亭《すずきてい》」を名乗《なの》ることを許《ゆる》され独立《どくりつ》を果《は》たします。現在《げんざい》、のれんを守《まも》るのは6代目《だいめ》。鈴木越後《すずきえちご》の看板菓子《かんばんがし》でもあった練《ね》り羊《よう》かんを基《もと》に初代《しょだい》が考《かん》えた「杢目羊羹《もくめようかん》」は、150年以上《ねんいじょう》にわたり受《う》け継《つ》がれる伝統《でんとう》の味《あじ》です。

富山県富山市西町《とやまけんとやましにしちょう》 6-3

【きんつば】

江戸《えど》時代《じだい》に京都《きょうと》で生《う》まれた「ぎんつば」が、江戸《えど》へ入《はい》ると「きんつば」へ

北海道《ほっかいどう》の「えりも小豆《しょうず》」のあんを、うすい皮《かわ》で包《つつ》んでごま油《あぶら》で焼《や》いた「榮太樓《えいたろう》」の「金鍔《きんつば》」（榮太樓總本舗《えいたろうそうほんぽ》）

刀《かたな》の「つば」がモデル あんこの和菓子《わがし》

つぶしたあんを、うす皮《かわ》で包《つつ》んで焼《や》いた「きんつば」は、あんこそのものの味《あじ》わいが楽《たの》しめる和《わ》菓子《がし》の一《ひと》つです。江戸《えど》時《じ》代《だい》の中《なか》ごろ、京都《きょうと》で「ぎんつば」という名前《なまえ》で生《う》まれました。現在《げんざい》、多《おお》くの「金《きん》つば」が四角《しかく》い形《かたち》をしていますが、もともとは丸《まる》くて平《ひら》たい刀《かたな》のつばのような形《かたち》をしていました。またうるち米《まい》の皮《かわ》であんを包《つつ》んで焼《や》くと銀色《ぎんいろ》に見《み》えたことから、その名《な》が付《つ》けられたそうです。その「銀《ぎん》つば」が江戸《えど》へ入《はい》ってくると小麦粉《こむぎこ》の皮《かわ》であんを包《つつ》んで焼《や》くようになります。こがね色《いろ》の焼《や》き色《いろ》と、江戸《えど》では金貨《きんか》、京都《きょうと》では銀貨《ぎんか》が使《つか》われていたこともあって「金《きん》つば」と呼《よ》ばれるようになりました。その当時《とうじ》の「金《きん》つば」が書《か》かれた書物《しょもつ》も残《のこ》っており、人気商品《にんきしょうひん》であったことがうかがえます。

柴田眞哉作《しばたしんさいさく》「日本製菓子鋪《にほんせいかしほ》　榮太樓本店製造場略図《えいたろうほんてんせいぞうじょうりゃくず》」明治《めいじ》18年《ねん》(1885) ロンドンで開《ひら》かれた「万国発明品《ばんこくはつめいひん》博覧会《はくらんかい》」に商品《しょうひん》を出品《しゅっぴん》する時《とき》に描《えが》かれました(榮太樓總《えいたろうそう》本鋪《ほんぽ》)

あんこたっぷりの「金鍔《きんつば》」の他《ほか》、「桜金鍔《さくらきんつば》」や「ずんだ金鍔《きんつば》」「くり金鍔《きんつば》」など季節《きせつ》ごとにいろいろな金《きん》つばが作《つく》られます

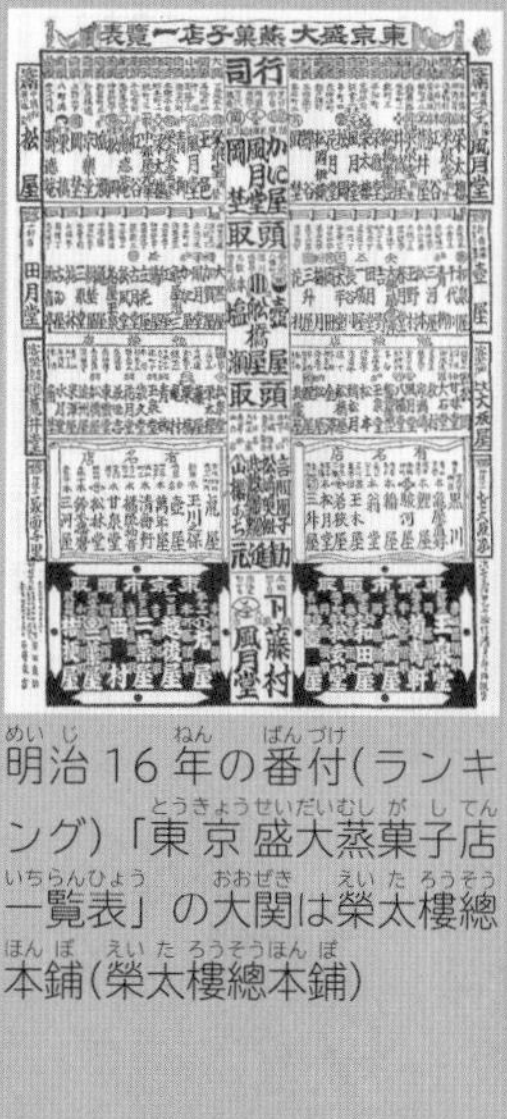

明治《めいじ》16年《ねん》の番付《ばんづけ》(ランキング)「東京盛大蒸菓子店《とうきょうせいだいむしがしてん》一覧表《いちらんひょう》」の大関《おおぜき》は榮太樓總《えいたろうそう》本鋪《ほんぽ》(榮太樓總本鋪《えいたろうそうほんぽ》)

榮太樓總本舗《えいたろうそうほんぽ》

1818年に創業《そうぎょう》した和《わ》菓《が》子《し》店《てん》。その時代《じだい》、魚《うお》市場《いちば》があった日本橋《にほんばし》は、たいへんにぎわっていました。その日本橋《にほんばし》のたもとの屋台《やたい》で焼《や》いた「金鍔《きんつば》」は、「大《おお》きくて丸《まる》くておいしい」と江戸《えど》の町《まち》で人気《にんき》でした。

1857年には、現在《げんざい》本店《ほんてん》がある場所《ばしょ》に店《みせ》を開《ひら》き、「梅《うめ》ぼ志飴《しあめ》」や「甘名《あまな》納糖《なっとう》」など代表的《だいひょうてき》な商品《しょうひん》が生《う》まれます。金鍔《きんつば》はもちろん、今《いま》も江戸《えど》の味《あじ》を届《とど》ける老舗《しにせ》です。

東京都中央区日本橋《とうきょうとちゅうおうくにほんばし》 1-2-5

【カステラ】

室町時代《むろまちじだい》に伝来《でんらい》した南蛮菓子《なんばんがし》。長《なが》い年月《ねんげつ》を経《へ》て、
しっとりと甘《あま》いカステラへ進化《しんか》

甘《あま》くてしっとり、黄色《きいろ》いカステラは、一口《ひとくち》食《た》べれば誰《だれ》もが笑顔《えがお》に。「特撰五三《とくせんごさん》カステラ」（文明堂東京《ぶんめいどうとうきょう》）

南蛮菓子《なんばんがし》を基本《きほん》に日本風《にほんふう》のカステラへ

15世紀《せいき》から17世紀前半《せいきぜんはん》の大航海時代《だいこうかいじだい》。ポルトガル・スペインなどのヨーロッパ諸国《しょこく》は海外進出《かいがいしんしゅつ》に力《ちから》を入《い》れていました。1543年《ねん》、ポルトガル人《じん》が種子島《たねがしま》に流《なが》れ着《つ》くと南蛮人《なんばんじん》(※)との本格的《ほんかくてき》な交流《こうりゅう》が始《はじ》まり、南蛮菓子《なんばんがし》が伝《つた》わります。

ポルトガルには「カステラ」という名《な》の菓子《かし》はなく、カスティーリャ王《おう》国《こく》に由来《ゆらい》するというカステラ。それまで日本《にほん》ではにわとりの卵《たまご》を食《た》べることが少《すく》なく、卵《たまご》を使《つか》うことは和菓子《わがし》に大《おお》きな変《へん》化《か》をもたらしました。当《とう》時《じ》はかたくてパサパサしていたようですが南《なん》蛮菓子《ばんがし》が基《もと》となって日《に》本独自《ほんどくじ》のカステラへと変化《へんか》していきます。明治《めいじ》時代《じだい》に水《みず》あめやザラメを使《つか》うようになり現在《げんざい》のようなしっとりとしたカステラになったと言《い》われます。

※戦国時代《せんごくじだい》から江戸時代初期《えどじだいしょき》にかけて日本《にほん》に来《き》たポルトガル人《じん》やスペイン人《じん》のこと

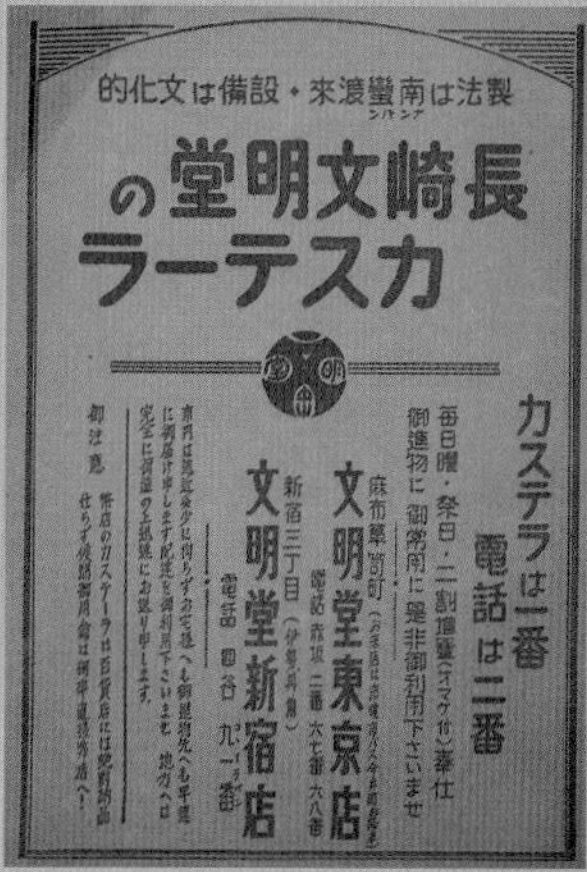

昭和《しょうわ》12年《ねん》の電《でん》話帳広告《わちょうこうこく》。「電《でん》話《わ》赤坂《あかさか》2番《ばん》」と書《か》かれています。局《きょく》の名前《なまえ》と「2番《ばん》」と言《い》えば文明堂《ぶんめいどう》につながりました

文明堂《ぶんめいどう》と言《い》えば、こちらのコマーシャルが有名《ゆうめい》

上《うえ》／1926年《ねん》ころの東京文明堂《とうきょうぶんめいどう》。当時《とうじ》めずらしかった自動車《じどうしゃ》で配達《はいたつ》していました

右《みぎ》／宮内庁《くないちょう》から注文《ちゅうもん》を受《う》けていた意味《いみ》を持《も》つ「宮内庁御用達《くないちょうごようたし》」と書《か》かれています

※現在、「宮内庁御用達」制度は廃止されています

◎ 文明堂東京《ぶんめいどうとうきょう》

1900年《ねん》に長崎《ながさき》で創《そう》業《ぎょう》した文明堂《ぶんめいどう》。創業者《そうぎょうしゃ》の弟《おとうと》・宮崎甚左衛門《みやざきじんざえもん》は、1922年《ねん》に東京《とうきょう》へ進出《しんしゅつ》して店《みせ》を開《ひら》きました。1962年《ねん》から始《はじ》まった「カステラ一番電話《いちばんでんわ》は二《に》番三時《ばんさんじ》のおやつは文明堂《ぶんめいどう》」のテレビコマーシャルでは、歌《うた》に合《あ》わせてリズミカルに踊《おど》るクマが印象的《いんしょうてき》です。定番《ていばん》の「特撰五三《とくせんごさん》カステラ」や「文明堂《ぶんめいどう》のカステラ」の他《ほか》に、最上品《さいじょうひん》の「希《き》翔《しょう》」などオリジナルの商《しょう》品《ひん》を製造販売《せいぞうはんばい》しています。

文明堂日本橋本店《ぶんめいどうにほんばしほんてん》 東京都中央区日本橋室町《とうきょうとちゅうおうくにほんばしむろまち》 1-13-7

【もなか】

もち米《ごめ》から作《つく》った皮《かわ》であんを挟《はさ》む半生菓子《はんなまがし》。
パリッとした皮《かわ》としっとりとしたあんが魅力《みりょく》です

しっとりとしたあんと皮《かわ》との組《く》み合《あ》わせが絶妙《ぜつみょう》。「梅《うめ》もなか」（霊岸島梅花亭《れいがんじまばいかてい》）

中秋《ちゅうしゅう》の名月《めいげつ》を模《も》し だるま型《がた》も登場《とうじょう》

「最中《もなか》」は、最初《さいしょ》はもち米《ごめ》から作《つく》った皮《かわ》の部分《ぶぶん》だけの菓子《かし》でした。その名前《なまえ》の由来《ゆらい》は、三代集《さんだいしゅう》に数《かぞ》えられる、平安時代《へいあんじだい》の『拾遺《しゅうい》和歌集《わかしゅう》』に収《おさ》められている「水《みず》の面《おも》に　照《て》る月《つき》なみを数《かぞ》ふれば　今宵《こよい》ぞ秋《あき》の最中《もなか》なりける」という源《みなもとの》順《したごう》の歌《うた》にさかのぼります。「秋《あき》の最中《もなか》」とは、「秋《あき》の真《ま》ん中《なか》、十五夜《じゅうごや》の月《つき》」、つまり「中秋《ちゅうしゅう》の名月《めいげつ》」を意味《いみ》しています。月見《つきみ》の宴《うたげ》で出《だ》された丸《まる》くて白《しろ》いもち菓《が》子《し》が、この句《く》で詠《よ》まれた月《つき》を思《おも》い起《お》こさせたため、参《さん》加《か》していた公家《くげ》が、この菓《か》子《し》を「もなかの月《つき》」と呼《よ》んだことから名《な》づけられたとも言《い》われています。

江戸時代《えどじだい》になり、その菓子《かし》を2枚《まい》合《あ》わせ、中《なか》にあんを挟《はさ》むようになりました。また金型《かながた》の発展《はってん》から、丸《まる》い形《かたち》だけでなく、梅《うめ》型《がた》、小判型《こばんがた》、だるま型《がた》など、今《いま》では全国《ぜんこく》に様々《さまざま》な形《かたち》の最中《もなか》が登場《とうじょう》しています。

創業者《そうぎょうしゃ》は新《あたら》し物好《ものず》きで甘《あま》いもの好《ず》き。創造的《そうぞうてき》な菓子《かし》を多数《たすう》生《う》み出《だ》しました。長崎帰《ながさきがえ》りの蘭学者《らんがくしゃ》宇田川興斎《うだがわこうさい》の話《はなし》をヒントにパン窯《がま》で焼《や》いた焼《や》き菓子《がし》「亜墨利加饅頭《あめりかまんじゅう》」（右《みぎ》から２つ目《め》）が店《みせ》の歴史《れきし》を伝《つた》えています

店先《みせさき》には、６代目《だいめ》の中村達三郎《なかむらたつさぶろう》さんが北鎌倉《きたかまくら》に住《す》んでいた縁《えん》から、北鎌倉《きたかまくら》にある円覚寺《えんかくじ》の住職《じゅうしょく》・朝比奈宗源《あさひなそうげん》によって書《か》かれた看板《かんばん》(上《うえ》)が掲《かか》げられています。また店内《てんない》には、達三郎《たつさぶろう》さんが美術《びじゅつ》や書《しょ》にも造詣《ぞうけい》が深《ふか》かったことから洋画家《ようがか》である木村荘八《きむらしょうはち》による店名《てんめい》の書《しょ》(下《した》)も飾《かざ》られています

氏神《うじがみ》である富岡八幡宮《とみおかはちまんぐう》のお供物《くもつ》の木型《きがた》

◎霊岸島梅花亭《れいがんじまばいかてい》

江戸時代《えどじだい》、米《こめ》の仲介者《ちゅうかいしゃ》である札差《ふださし》をしていた初代《しょだい》が、徳川家康《とくがわいえやす》について岐阜《ぎふ》から江戸《えど》へ。嘉永《かえい》3年《ねん》（1850）に日本橋大伝馬町《にほんばしおおでんまちょう》に菓子店《かしてん》を創業《そうぎょう》し、以来《いらい》、多数《たすう》の人気菓子《にんきがし》を生《う》み出《だ》しました。

6代目《だいめ》の中村達三郎《なかむらたつさぶろう》さんは工夫《くふう》が好《す》きで、最中《もなか》の皮《かわ》をふっくらとした厚《あつ》みのある梅《うめ》の型《かた》に変《か》え、あんをたっぷり詰《つ》めました。「梅《うめ》もなか　ここにありけり　春火桶《はるひおけ》」と詠《よ》まれるほどの、看板商品《かんばんしょうひん》となっています。

東京都中央区新川《とうきょうとちゅうおうくしんかわ》 2-1-4

ふんわりカステラ生地《きじ》のどら焼《や》き（「福来《ふっくら》どらやき」笹屋伊織《ささやいおり》）

【どらやき】

あんをくるんだり挟《はさ》んだり。香《こう》ばしい香《かお》りと、生地《きじ》とあんが重《かさ》なり合《あ》います

銅鑼《どら》の上《うえ》で焼《や》く思《おも》いを込《こ》めた形《かたち》

源義経《みなもとのよしつね》一行《いっこう》が奥州《おうしゅう》（現在《げんざい》の福島《ふくしま》・宮城《みやぎ》・岩手《いわて》・青森《あおもり》県《けん》と秋田県《あきたけん》の一部《いちぶ》）へ逃《のが》れる際《さい》、お伴《とも》の弁慶《べんけい》が民家《みんか》でけがの手当《てあ》てをしてもらったお礼《れい》に、銅鑼《どら》で生地《きじ》を焼《や》き、あんを半月型《はんげつがた》に包《つつ》んだのが始《はじ》まりとも言《い》われています。江戸時代《えどじだい》の随筆《ずいひつ》『喜《き》遊笑覧《ゆうしょうらん》』には、「今《いま》のどら焼《や》きは又金鍔《またきんつば》やきともいふ」とあり、当時《とうじ》はきんつばに似《に》た菓子《かし》だったようです。

京都《きょうと》の「笹屋伊織《ささやいおり》」にも同《おな》じく「銅鑼《どら》で焼《や》けるように」と生《う》まれたどら焼《や》きがあります。江戸時代末期《えどじだいまっき》、5代目当主《だいめとうしゅ》・笹屋伊兵衛《ささやいへえ》が、東寺《とうじ》の僧侶《そうりょ》から「副食《ふくしょく》になるお菓子《かし》を作《つく》ってほしい」という依頼《いらい》を受《う》け、寺《てら》の銅鑼《どら》の上《うえ》でも焼《や》けるように、薄《うす》く伸《の》ばした小麦粉《こむぎこ》の生地《きじ》であんをくるくる巻《ま》き、抗菌効果《こうきんこうか》のある竹《たけ》の皮《かわ》で包《つつ》む菓子《かし》を作《つく》り上《あ》げました。一般客《いっぱんきゃく》に販売《はんばい》するようになったのは明治時代《めいじじだい》以降《いこう》と考《かんが》えられています。

笹屋伊織《ささやいおり》の代表銘菓《だいひょうめいか》「どら焼《やき》」。基本《きほん》の素材《そざい》や工程《こうてい》は江戸時代《えどじだい》から変《か》わりません。現在《げんざい》は毎《まい》月《つき》、弘法《こうぼう》さん（弘法大師《こうぼうだいし》・空海《くうかい》）の命日前後《めいにちぜんご》3日《か》（20,21,22日《にち》）のみ販売《はんばい》しています

もちもちとした薄皮《うすかわ》であんを年輪《ねんりん》のようにくるくる巻《ま》いていきます。職《しょく》人《にん》の技《わざ》が光《ひか》る工程《こうてい》です

貝殻《かいがら》を使《つか》って飾《かざ》り立《た》てる螺鈿細工《らでんざいく》が施《ほどこ》された行器《ほかい》。丁《でっ》稚《ち》が担《かつ》いで、御所《ごしょ》へ菓子《かし》を納《おさ》めていました（写真《しゃしん》は江《え》戸時代《どじだい》に実際使《じっさいつか》われていたもの）

江戸時代《えどじだい》の笹屋伊織《ささやいおり》。駕籠《かご》が着《つ》いた所《ところ》は位《くらい》の高《たか》い人《ひと》が出入《でい》りする入口《いりぐち》で、奥座敷《おくざしき》に通《とお》され茶菓《さか》の接待《せったい》を受《う》けながら菓子《かし》の相談《そうだん》をしたといいます

◎ 笹屋伊織《ささやいおり》

享保元年《きょうほうがんねん》（1716）創《そう》業《ぎょう》。伊勢《いせ》の和菓子《わがし》職人《しょくにん》、初《しょ》代笹屋伊兵衛《だいささやいへえ》が御所《ごしょ》の御用《ごよう》を仰《おお》せつかり京都《きょうと》へ来《き》たのが始《はじ》まりです。宮中《きゅうちゅう》の御用《ごよう》菓子屋《かしや》となり、儀式《ぎしき》などの際《さい》に、食《た》べ物《もの》を入《い》れて運《はこ》ぶ木製《もくせい》の容器《ようき》である行器《ほかい》に入《い》れて菓子《かし》を納《おさ》めていました。

元々《もともと》、御所《ごしょ》や公家《くげ》、寺社《じしゃ》からの注文《ちゅうもん》を受《う》け、菓子《かし》を納《おさ》めていましたが、どら焼《や》きの評判《ひょうばん》が広《ひろ》まり、東寺《とうじ》から「弘法大師《こうぼうだいし》の月命日《つきめいにち》のみ販売《はんばい》したらどうか」と言《い》われ、そこから一般《いっぱん》への販《はん》売《ばい》も始《はじ》まりました。

京都府《きょうとふ》京都市《きょうとし》下京区《しもぎょうく》七条通《しちじょうどおり》大宮《おおみや》西入《にしいる》花畑町《はなばたけちょう》86

【あめ】

天《てん》の神《かみ》と地《ち》の神《かみ》のお供《そな》えものとして用《もち》いられたあめ。
水《みず》あめ状《じょう》のあめは昔《むかし》の書物《しょもつ》にも書《か》かれていました

砂糖《さとう》を全《まった》く使《つか》わない、輝《かがや》くような「粟飴《あわあめ》」はさらりとした上品《じょうひん》な甘《あま》み（髙橋孫左衛門商店《たかはしまござえもんしょうてん》）

千年以上前《せんねんいじょうまえ》からある日本《にほん》の和菓子《わがし》

あめは、米《こめ》などのでんぷんを糖化《とうか》させた甘《あま》くてねばりのある菓子《かし》。720年《ねん》に成立《せいりつ》した『日本書紀《にほんしょき》』にも書《か》かれていて古《ふる》くから存在《そんざい》したことが分《わ》かります。現在《げんざい》、砂糖《さとう》や水《みず》あめを原料《げんりょう》にしたキャラメルやドロップなどをひとくくりにして「あめ」と呼《よ》んでいますが、当時《とうじ》は水《みず》あめ状《じょう》のものでした。原料《げんりょう》は米《こめ》を発芽《はつが》させた米《こめ》もやしで、甘味料《かんみりょう》などは使《つか》われていません。主《おも》に神《しん》せん（神《かみ》へのお供《そな》えもの）や甘味料《かんみりょう》として用《もち》いられていました。鎌倉時代《かまくらじだい》にはあめが販売《はんばい》されるようになり、薬《くすり》としての役割《やくわり》もあったそうです。江戸時代中期《えどじだいちゅうき》、砂糖《さとう》が多《おお》く入《はい》ってくると固《こ》形《けい》のあめが作《つく》られるようになります。変《か》わった格好《かっこう》をしてパフォーマンスをする「狐《きつね》のあめ売《うり》」「お万《まん》があめ売《うり》」「おじいがあめ売《うり》」などのあめ売《うり》が現《あらわ》れ、子《こ》どもにも人気《にんき》だったようです。

北国街道《ほっこくかいどう》ぞいに建《た》つ髙橋孫左衛門商《たかはしまござえもんしょう》店《てん》は国《くに》の登録有形文化財《とうろくゆうけいぶんかざい》に指定《してい》されています

十返舎一九《じっぺんしゃいっく》の『金草鞋《かねのわらじ》』越後道中《えちごどうちゅう》編《へん》。店内《てんない》のにぎやかな様子《ようす》が見《み》られます（髙橋孫左衛門商店《たかはしまござえもんしょうてん》）

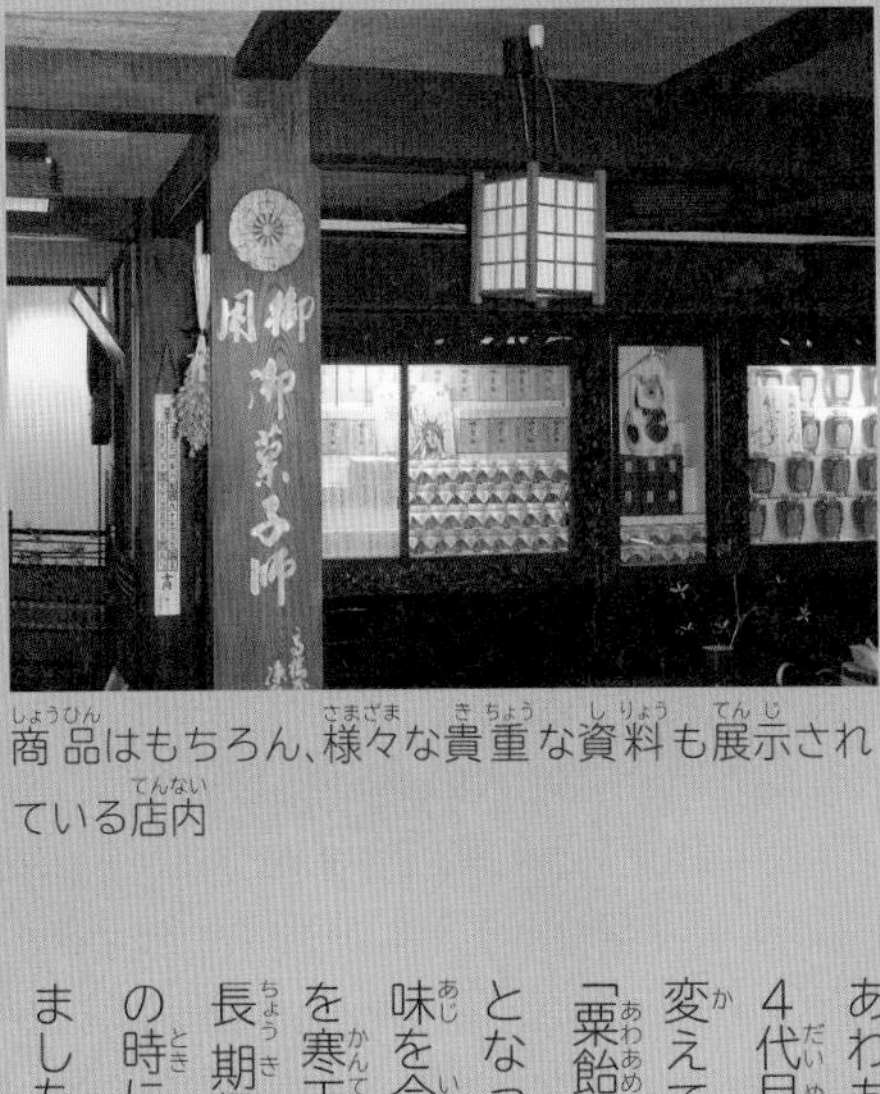

商品《しょうひん》はもちろん、様々《さまざま》な貴重《きちょう》な資料《しりょう》も展示《てんじ》されている店内《てんない》

あめ一筋《ひとすじ》400年《ねん》。江戸時代《えどじだい》より製造《せいぞう》される「粟飴《あわあめ》」「翁飴《おきなあめ》」「笹飴《ささあめ》」。夏目漱石《なつめそうせき》の『坊《ぼっ》ちゃん』には「笹飴《ささあめ》」が登場《とうじょう》します

◎髙橋孫左衛門商店《たかはしまござえもんしょうてん》

1624年創業《ねんそうぎょう》。作家《さっか》の十返舎一九《じっぺんしゃいっく》が書《か》いた『金《かねの》草鞋《わらじ》』越後道中編《えちごどうちゅうへん》には当時《とうじ》の店内《てんない》の様子《ようす》と共《とも》に「粟飴《あわあめ》」が描《えが》かれています。それまであわで作《つく》っていたあわあめを、1790年《ねん》に4代目孫左衛門《だいめまござえもん》がもち米《ごめ》に変《か》えて現代《げんだい》の美《うつく》しい色《いろ》に。「粟飴《あわあめ》」は、このあめが基《もと》となっていて、江戸時代《えどじだい》の味《あじ》を今《いま》に伝《つた》えます。水《みず》あめを寒天《かんてん》で固《かた》めた「翁飴《おきなあめ》」は長期保存《ちょうきほぞん》ができ、参勤交代《さんきんこうたい》の時《とき》にお土産《みやげ》に使《つか》われていました。

新潟県上越市南本町《にいがたけんじょうえつしみなみほんちょう》 3-7-2

【まんじゅう】

中国《ちゅうごく》のマントウから日本《にほん》のまんじゅうへ。
そこには一人《ひとり》の僧侶《そうりょ》が関《かか》わっていました

大和芋《やまといも》を皮《かわ》に練《ね》り込《こ》んだじょうよまんじゅう。写真《しゃしん》の「志《し》ほせ饅頭《まんじゅう》」は塩瀬《しおせ》総本家《そうほんけ》を代表《だいひょう》する一品《いっぴん》（塩瀬総本家《しおせそうほんけ》）

まんじゅう誕生《たんじょう》は和菓子《わがし》の新時代《しんじだい》

三国志《さんごくし》の時代《じだい》の武将《ぶしょう》・諸葛孔明《しょかつこうめい》が荒《あ》れ狂《くる》う川《かわ》をおさめるまじないとして、いけにえとなる49人《にん》の首《くび》の代《か》わりに小麦粉《こむぎこ》の皮《かわ》で肉《にく》あんを包《つつ》んで揚《あ》げた「マントウ」がまんじゅうの起《き》源《げん》と言《い》われます。

日本《にほん》に伝来《でんらい》した経緯《けいい》は室町時代初期《むろまちじだいしょき》までさかのぼります。中国《ちゅうごく》の宋《そう》という国《くに》で40年以上修行《ねんいじょうしゅぎょう》を積《つ》んだ仏教《ぶっきょう》の禅宗《ぜんしゅう》の僧侶《そうりょ》・龍山徳見《りゅうざんとくけん》が弟子《でし》とともに日本《にほん》に帰国《きこく》します。

弟子《でし》の一人《ひとり》、林浄因《りんじょういん》は肉食《にくしょく》を禁《きん》じられた僧《そう》のために、マントウをヒントに、小豆《あずき》を煮詰《につ》め「あまづら」という甘味料《かんみりょう》で甘《あま》みを加《くわ》えたあんと、それを包《つつ》んだまんじゅうを考《かんが》えました。まんじゅうは天皇《てんのう》もとても喜《よろこ》び、浄因《じょういん》は宮廷《きゅうてい》につかえる女性《じょせい》と結婚《けっこん》。その感謝《かんしゃ》と子孫繁栄《しそんはんえい》の願《ねが》いを込《こ》め、紅白《こうはく》のまんじゅうを作《つく》り配《くば》ったのが、紅白《こうはく》まんじゅうの由来《ゆらい》です。

織田《おだ》・徳川連合軍《とくがわれんごうぐん》と武田軍《たけだぐん》が戦《たたか》った長篠《ながしの》の戦《たたか》いで、徳川家康《とくがわいえやす》が戦勝祈願《せんしょうきがん》に供《そな》えたという、7代林宗二《だいはやしそうじ》考案《こうあん》の「本饅頭《ほんまんじゅう》」。大納言《だいなごん》あずきの皮《かわ》をつぶすことなくやわらかく煮上《にあ》げるのが秘伝《ひでん》の技《わざ》だそう

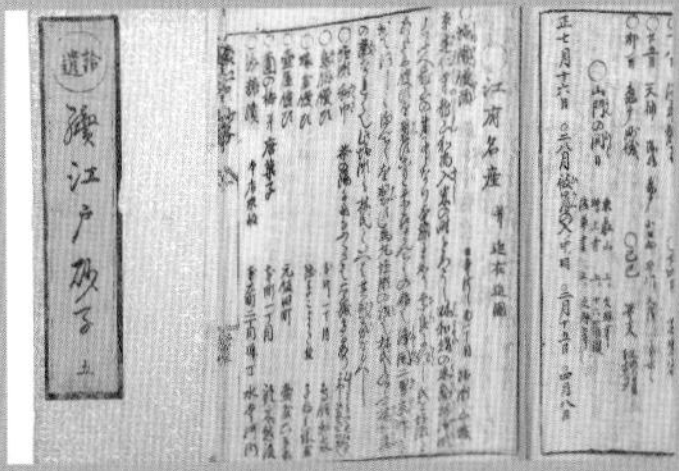

江戸《えど》の町《まち》の様子《ようす》が記《しる》された『続《ぞく》 江戸砂子《えどすなご》』の一番初《いちばんはじ》めにも、「塩瀬饅頭《しおせまんじゅう》」のページに店《みせ》の由来《ゆらい》が記《しる》されています

明治《めいじ》37年《ねん》(1904)ころの、東京《とうきょう》・元数寄屋町《もとすきやちょう》の店舗《てんぽ》

◎塩瀬総本家《しおせそうほんけ》

林浄因《りんじょういん》の家系《かけい》は奈良《なら》から京都《きょうと》へ。その後《あと》、応仁《おうにん》の乱《らん》から逃《のが》れるために三河国《みかわのくに》・塩瀬村《しおせむら》に移《うつ》り、名字《みょうじ》を塩瀬《しおせ》に変《か》え、塩瀬《しおせ》まんじゅうの名《な》も広《ひろ》まっていきました。江戸時代《えどじだい》初期《しょき》には江戸《えど》へと進出《しんしゅつ》し、将軍《しょうぐん》の御用達《ごようたし》に。林浄因《りんじょういん》から数《かぞ》えて36代《だい》にわたり、今《いま》も菓子作《かしづく》りを受《う》け継《つ》いでいます。

店《みせ》の教《おし》えは「材料《ざいりょう》落《お》とすな。割《わ》り(配合《はいごう》の割合《わりあい》)守《まも》れ」。素材《そざい》の質《しつ》を落《お》とすことなく、手作《てづく》りの製法《せいほう》を守《まも》り続《つづ》けています。

東京都中央区明石町《とうきょうとちゅうおうくあかしちょう》 7-14 塩瀬《しおせ》ビル

【せんべい】

甘《あま》いものから辛《から》いものまでバリエーション豊《ゆた》かなせんべい。歴史《れき し》は千年《ねん》以《い》上《じょう》前《まえ》にさかのぼります

「せんべい」の味《あじ》や形《かたち》は様々《さまざま》あります（MATSUZAKI SHOTEN《まつざきしょうてん》）

空海《くうかい》が製法《せいほう》を伝《つた》え江戸時代《えどじだい》に今《いま》の形《かたち》に

せんべいの歴史《れきし》をさかのぼると、その原型《げんけい》のようなものはすでに奈良時《ならじ》代《だい》に中国《ちゅうごく》の唐果物《からくだもの》から伝《つた》わったといいます。そして、平安時代初期《へいあんじだいしょき》の延暦《えんりゃく》23年《ねん》（804）、弘法大師空海《こうぼうだいしくうかい》が唐《とう》から亀《かめ》のこうら型《がた》のせんべいの製法《せいほう》を持《も》ち帰《かえ》り、山城国《やましろのくに》（現在《げんざい》の京都府《きょうとふ》）で伝《つた》えました。それは、亀《かめ》のこうらの形《かたち》から「亀《かめ》の甲《こう》せんべい」と名付《なづ》けられ、くずの根《ね》と米粉《こめこ》、果実《かじつ》の液《えき》といった材料《ざいりょう》を混《ま》ぜ合《あ》わせて焼《や》いたものであったと伝《つた》わっています。

江戸時代《えどじだい》に入《はい》ると、小《こ》麦粉《むぎこ》に砂糖《さとう》を加《くわ》えた生地《きじ》を蒸《む》した後《あと》に焼《や》いた小《こ》麦粉《むぎこ》せんべいが広《ひろ》まります。塩味《しおあじ》より先《さき》に、甘《あま》いせんべいが生《う》まれたようです。そして、江戸時代後期《えどじだいこうき》の文化文政期《ぶんかぶんせいき》（1804〜1830）頃《ころ》になると、米粉《こめこ》を原料《げんりょう》にしょう油《ゆ》をつけて焼《や》いたせんべいが作《つく》られるようになりました。

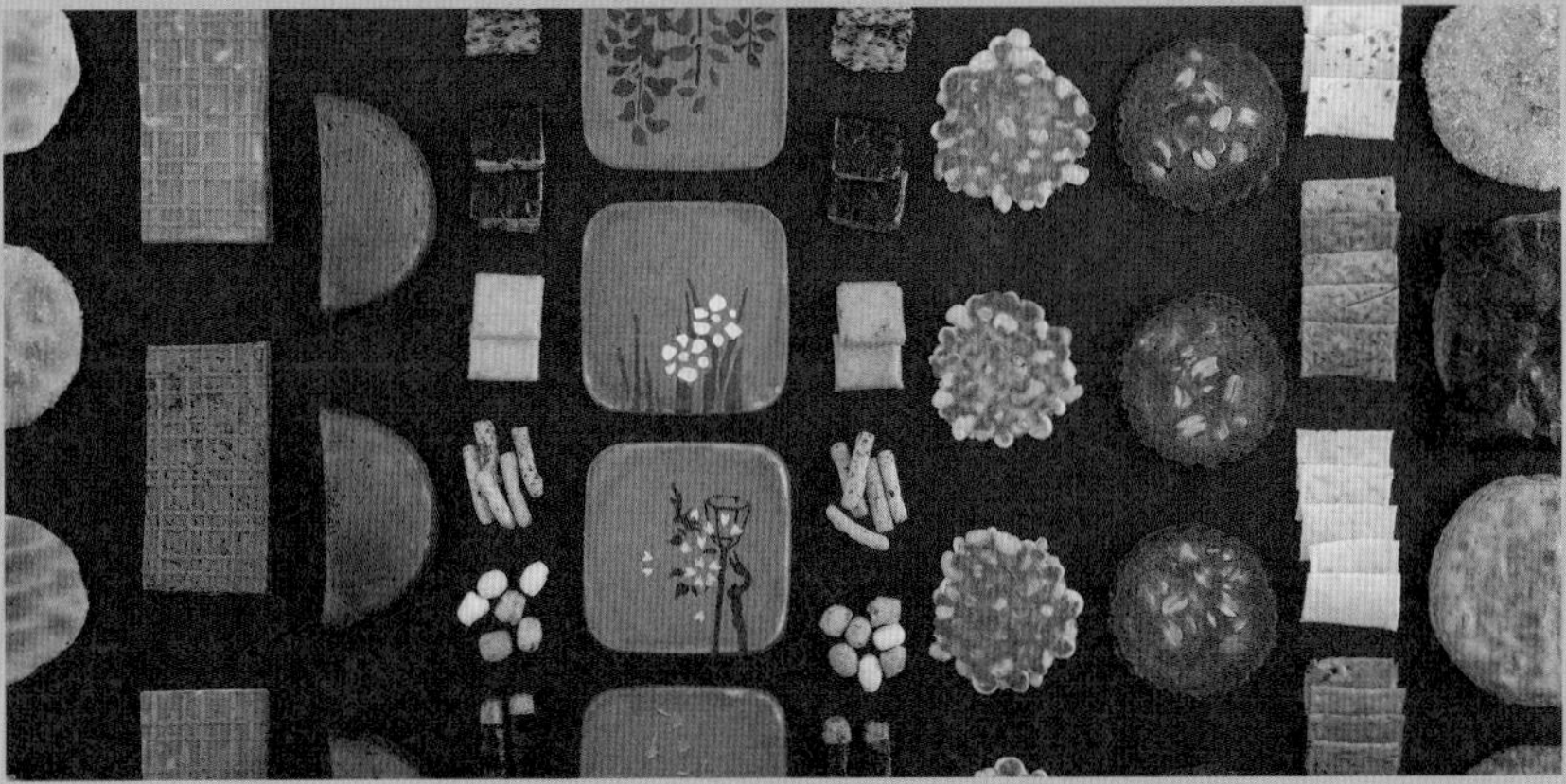

中央《ちゅうおう》の「大江戸松崎《おおえどまつざき》 三味胴《しゃみどう》」をはじめ、銀座《ぎんざ》の手土産《てみやげ》としても愛《あい》されています

昭和《しょうわ》33年《ねん》、佃工場《つくだこうじょう》の前《まえ》で撮影《さつえい》された一枚《いちまい》

こちらは昭和《しょうわ》30年前後《ねんぜんご》に撮影《さつえい》された店内《てんない》です

MATSUZAKI SHOTEN《まつざきしょうてん》

文化元年《ぶんかがんねん》(1804)、江《え》戸《ど》・芝《しば》で創業《そうぎょう》した「銀座《ぎんざ》 松《まつ》崎煎餅《ざきせんべい》」。依頼約《いらいやく》220年《ねん》、現在《げんざい》は8代目《だいめ》が店《みせ》を守《まも》ります。瓦《かわら》せんべい「大江戸《おおえど》松崎《まつざき》 三味胴《しゃみどう》」は、せんべいのなめらかな表面《ひょうめん》に砂《さ》糖《とう》みつなどで四季《しき》の絵《え》が描《えが》かれており、これは職人《しょくにん》が今《いま》も一枚《いちまい》ずつ手作業《てさぎょう》で描《えが》いています。米《こめ》の風味《ふうみ》豊《ゆた》かな「草加煎餅《そうかせんべい》」は、しょう油《ゆ》、ごま、からし、みそ、ざらめといった味《あじ》から厚焼《あつや》き・薄焼《うすや》きといった厚《あつ》みまで、幅広《はばひろ》くそろえています。

東京都中央区銀座《とうきょうとちゅうおうくぎんざ》 4-13-8 岩藤《いわふじ》ビル 1F

第《だい》5章《しょう》　全国《ぜんこく》の郷土《きょうど》菓子《がし》一覧《いちらん》

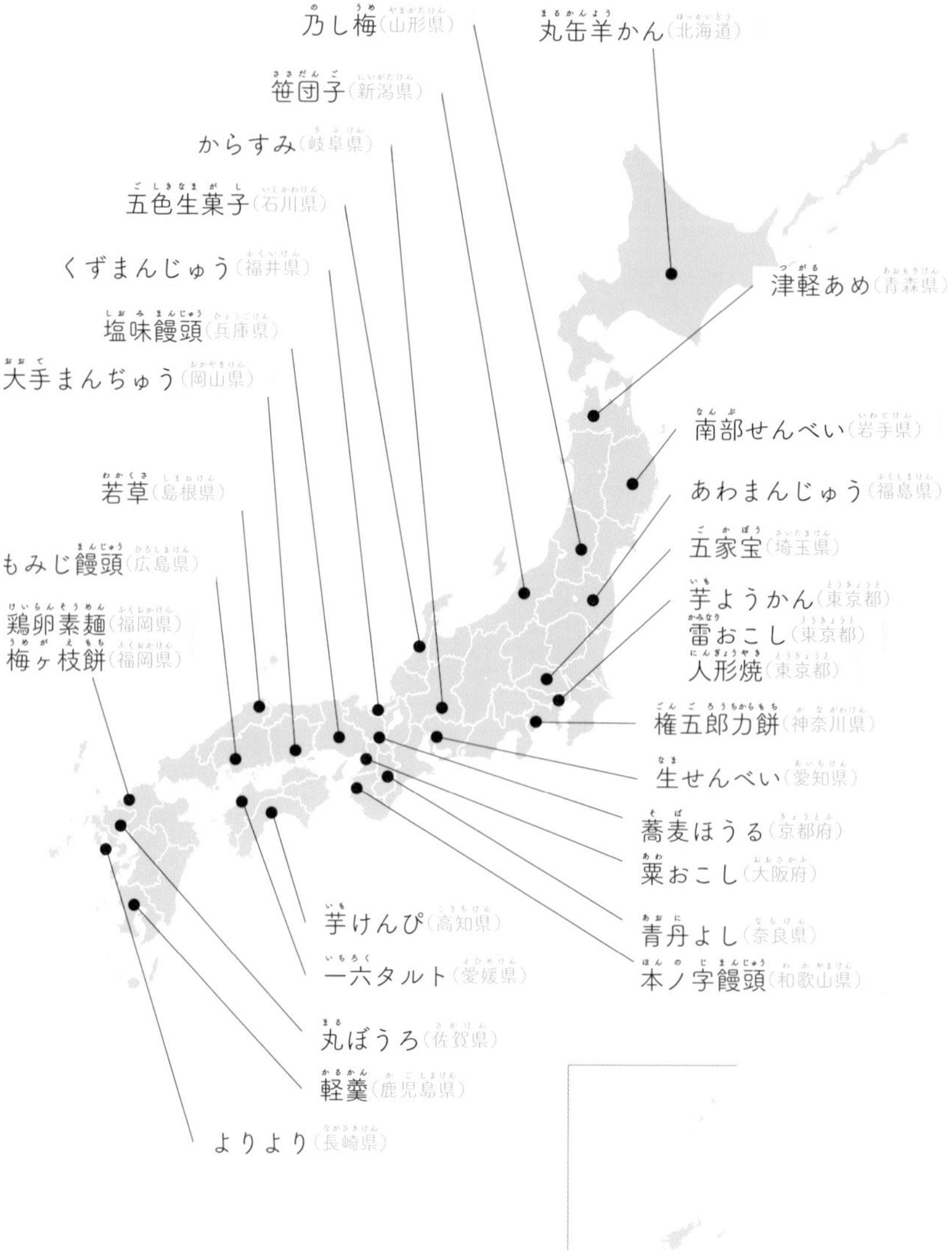

第《だい》5章《しょう》

全国《ぜんこく》の郷土菓子《きょうどがし》

全国《ぜんこく》にはその土地《とち》で生《う》まれ育《そだ》った菓子《かし》が数多《かずおお》くあります。あなたが知《し》っているお菓子《かし》はありますか？

北《ほっ》海《かい》道《どう》・東《とう》北《ほく》編《へん》

場所《ばしょ》と名前《なまえ》

丸缶羊《まるかんよう》かん（北海道《ほっかいどう》）　南部《なんぶ》せんべい（岩手《いわて》）　津軽《つがる》あめ（青森《あおもり》）　あわまんじゅう（福島《ふくしま》）　乃《の》し梅《うめ》（山形《やまがた》）

北海道《ほっかいどう》

丸缶羊《まるかんよう》かん

赤《あか》い筒《つつ》の羊《よう》かん
歴史《れきし》を伝《つた》える北海道土産《ほっかいどうみやげ》の定番《ていばん》

五勝手屋本舗《ごかってやほんぽ》

江戸時代初頭《えどじだいしょとう》、木《き》を伐《き》ったり運《はこ》び出《だ》したりする「五花手組《ごかってぐみ》」が蝦夷地《えぞち》（当時《とうじ》の北海道《ほっかいどう》を中心《ちゅうしん》とする地域《ちいき》）で初《はじ》めて豆《まめ》の栽培《さいばい》に成功《せいこう》。この豆《まめ》で菓子《かし》を作《つく》り、藩士《はんし》に献上《けんじょう》し、大変喜《たいへんよろこ》ばれたため、これを記念《きねん》して「五勝手《ごかって》屋《や》」としたと言《い》われています。

明治《めいじ》3年《ねん》（1870）、北海《ほっかい》道《どう》でとれた豆《まめ》と船《ふね》で運《はこ》ばれた寒天《かんてん》・砂糖《さとう》を使《つか》いこの羊《よう》かんが生《う》まれました。思《おも》いが詰《つ》まった赤《あか》い筒《つつ》の羊《よう》かんです。

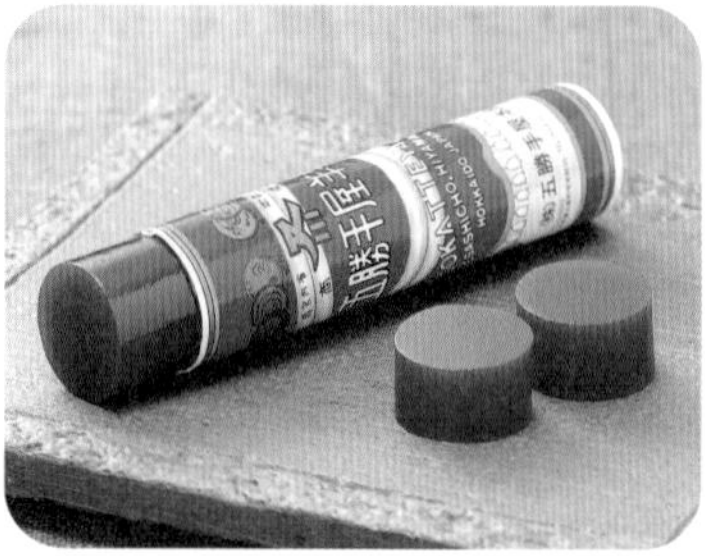

〈五勝手屋丸缶羊《ごかってやまるかんよう》かん〉

食《た》べたい分《ぶん》だけ下《した》から押《お》し出《だ》し、付属《ふぞく》の糸《いと》でカットできるのも人気《にんき》の秘密《ひみつ》

北海道檜山郡《ほっかいどうひやまぐん》
江差町本町《えさしちょうほんちょう》38

岩手《いわて》

南部《なんぶ》せんべい

かつては岩手《いわて》の家々《いえいえ》の
囲炉裏端《いろりばた》で焼《や》かれた懐《なつ》かしの味《あじ》

南部《なんぶ》せんべい乃巖手屋《のいわてや》

南部《なんぶ》せんべいの歴史《れきし》は古《ふる》く、一般的《いっぱんてき》には南北朝時代《なんぼくちょうじだい》に天皇《てんのう》が八戸地方《はちのへちほう》を訪《おとず》れた際《さい》に、家臣《かしん》が農民《のうみん》からそば粉《こ》とごまを手《て》に入《はい》れ、自身《じしん》のかぶとで焼《や》き上《あ》げて献《けん》上《じょう》したのが始《はじ》まりと言《い》われています。かつては松《まつ》の木《き》や炭火《すみび》で焼《や》いていました。現在《げんざい》は小麦粉《こむぎこ》で作《つく》られています。昔は各家庭《かくかてい》にせんべい型《がた》があり、囲炉裏端《いろりばた》で焼《や》かれていたというなじみ深《ふか》いおやつです。

〈おばあちゃん[ごま]〉

定番《ていばん》のごまや落花生《らっかせい》のほかにも、あまずっぱいりんごチップスをのせたものなども人気《にんき》

岩手県二戸市石切所《いわてけんにのへしいしきりどころ》
前田《まえだ》41-1

青森《あおもり》

津軽飴《つがるあめ》

上《じょう》ボシ武内製飴所《たけうちせいたいしょ》

子《こ》どものおやつにも
一家《いっか》に一《ひと》つ、ねぶたのブリキ缶《かん》

津軽藩《つがるはん》4代目《だいめ》藩主《はんしゅ》・津軽信政《つがるのぶまさ》が、領民《りょうみん》の副業《ふくぎょう》として製造《せいぞう》させたのが始《はじ》まりと言《い》われる「津軽飴《つがるあめ》」。甘味《かんみ》の少《すく》ない江戸時代《えどじだい》には、栄養《えいよう》を得《え》る薬《くすり》として親《した》しまれ、戦後《せんご》は青森《あおもり》から北海道《ほっかいどう》へ渡《わた》る人々《ひとびと》の手土産《てみやげ》となりました。青森《あおもり》では津軽《つがる》せんべいに挟《はさ》む食《た》べ方《かた》が人気《にんき》。ねぶたが描《えが》かれたブリキ缶《かん》が懐《なつ》かしい郷土《きょうど》のあめです。

〈津軽飴《つがるあめ》〉

水《みず》あめとして、または湯《ゆ》に溶《と》いてあめ湯《ゆ》にしたり、コーヒーや紅茶《こうちゃ》に入《い》れたりしても

青森県青森市本町《あおもりけんあおもりしほんちょう》 5-1-20

福島《ふくしま》

あわまんじゅう

小池菓子舗《こいけかしほ》

災害《さいがい》に「あわ」ないように
願《ねが》いを込《こ》めたまんじゅう

大日如来《だいにちにょらい》という福徳《ふくとく》と智恵《ちえ》の二《ふた》つの徳《とく》をつかさどる仏《ほとけ》といわれている虚空蔵菩薩《こくぞうぼさつ》。柳津町《やないづちょう》の圓蔵寺《えんぞうじ》は日本《にほん》三大《さんだい》虚空蔵菩薩《こくぞうぼさつ》に数《かぞ》えられています。銘菓《めいか》「あわまんじゅう」は、江戸末期《えどまっき》に柳津《やないづ》が火災《かさい》や水害《すいがい》に見舞《みま》われた際《さい》に、住職《じゅうしょく》が二度《にど》災害《さいがい》に「あわ」ないようにと、あわのまんじゅうを人々《ひとびと》に配《くば》ったことが始《はじ》まりと言《い》われています。

〈あわまんじゅう〉

もち米《ごめ》とあわで作《つく》られたそぼくな味《あじ》わい。柳津《やないづ》の自然《しぜん》の宝《たから》が凝縮《ぎょうしゅく》された一品《ぴん》です

福島県河沼郡柳津町柳津岩坂町甲《ふくしまけんかわぬまぐんやないづちょうやないづいわざかまちこう》 206

山形《やまがた》

乃《の》し梅《うめ》

乃《の》し梅本舗《うめほんぽ》 佐藤屋《さとうや》

薬《くすり》から生《う》まれた
酸味《さんみ》がくせになる一品《いっぴん》

紅花《べにばな》の色素《しきそ》抽出《ちゅうしゅつ》に使《つか》うため、梅《うめ》が多《おお》く栽培《さいばい》されていた山形県《やまがたけん》。山形《やまがた》藩主《はんしゅ》・最上家《もがみけ》に召《め》しかかえられた小《こ》林玄端《ばやしげんたん》が長崎《ながさき》で学《まな》んでいる際《さい》に、中国人《ちゅうごくじん》から梅《うめ》を原料《げんりょう》とする薬《くすり》の製法《せいほう》を伝授《でんじゅ》され、作《つく》ったのが「乃《の》し梅《うめ》」の原型《げんけい》と言《い》われています。そこから改《かい》良《りょう》を重《かさ》ね、現在《げんざい》の独特《どくとく》のもっちりとした食感《しょっかん》の山形銘菓《やまがためいか》に発展《はってん》しました。

〈乃《の》し梅《うめ》〉

小林玄端《こばやしげんたん》の末裔《まつえい》が文政《ぶんせい》４年《ねん》(1821)に創業《そうぎょう》した菓子店《かしてん》。さわやかな酸味《さんみ》が魅力《みりょく》です

山形県山形市十日町《やまがたけんやまがたしとうかまち》 3-10-36

関東編《かんとうへん》

場所《ばしょ》と名前《なまえ》

東京《とうきょう》

雷《かみなり》おこし

常盤堂雷《ときわどうかみなり》おこし本舗《ほんぽ》

平安時代《へいあんじだい》からあった歴史《れきし》のある「おこし」。東京《とうきょう》で有名《ゆうめい》な雷《かみなり》おこし

平安時代《へいあんじだい》の書物《しょもつ》に登場《とうじょう》するおこしは、もち米《ごめ》やうるち米《まい》を蒸《む》して、乾燥《かんそう》させてからいったものを水《みず》あめと砂糖《さとう》で板《いた》のように固《かた》めた和菓子《わがし》です。

東京観光《とうきょうかんこう》で多《おお》くの人《ひと》が訪《おとず》れる浅草《あさくさ》。雷門《かみなりもん》のすぐわきにある「常盤堂雷《ときわどうかみなり》おこし本舗《ほんぽ》」は、1795年《ねん》に創業《そうぎょう》した歴史《れきし》のある和菓子《わがし》店《てん》です。サクッと軽《かろ》やかな食感《しょっかん》で、浅草土産《あさくさみやげ》にも人気《にんき》のお菓子《かし》です。

〈雷神上磯部缶《らいじんじょういそべかん》〉

上磯部《じょういそべ》おこしの他《ほか》にチョコやココナッツ、キャラメルアーモンド味《あじ》も

東京都台東区浅草《とうきょうとたいとうくあさくさ》 3-6-1

東京《とうきょう》

人形焼《にんぎょうやき》

重盛永信堂《しげもりえいしんどう》

たっぷりのあんをカステラ生地《きじ》で包《つつ》んだ人形焼《にんぎょうやき》

東京名物《とうきょうめいぶつ》の人形焼《にんぎょうやき》は、カステラの生地《きじ》であんを包《つつ》んで焼《や》いたお菓子《かし》です。日本橋人形町《にほんばしにんぎょうちょう》では七福神《しちふくじん》などの顔型《かおがた》、浅草《あさくさ》では雷門《かみなりもん》など、その町《まち》の名所《めいしょ》をモチーフとしている人形焼《にんぎょうやき》を多《おお》く見《み》かけます。

1917年《ねん》に創業《そうぎょう》した日本橋人形町《にほんばしにんぎょうちょう》にある「重盛《しげもり》永信堂《えいしんどう》」。うす皮《かわ》の生地《きじ》であんを一《ひと》つ一《ひと》つ包《つつ》み、手作《てさ》業《ぎょう》で、ていねいに焼《や》き上《あ》げています。

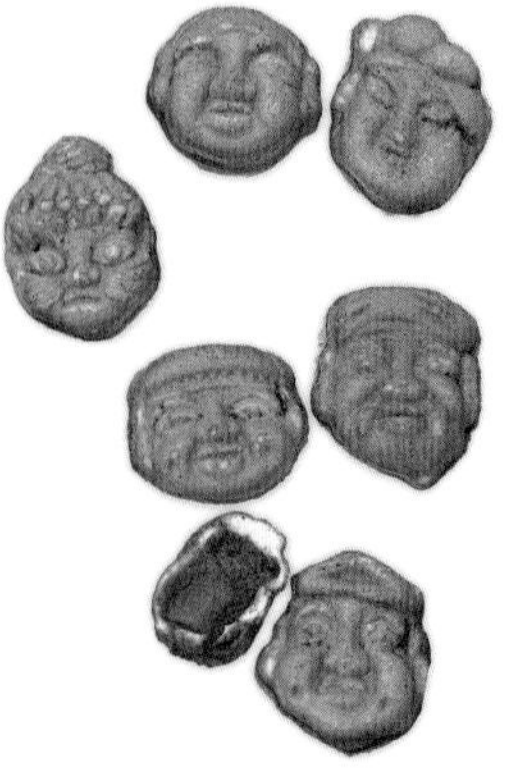

〈人形焼《にんぎょうやき》（こしあん）〉

北海道十勝産《ほっかいどうとかちさん》の小豆《あずき》をしっとりした甘《あま》さに練《ね》り上《あ》げています

東京都中央区《とうきょうとちゅうおうく》
日本橋人形町《にほんばしにんぎょうちょう》 2-1-1

埼玉《さいたま》

五家宝《ごかぼう》

堀内製菓《ほりうちせいか》

江戸《えど》時代《じだい》より伝《つた》わる たわら型《がた》のお菓子《かし》

江戸《えど》時代《じだい》、宿場町《しゅくばまち》だった熊谷市《くまがやし》は五家宝《ごかぼう》の材料《ざいりょう》にも使《つか》われる米《こめ》、大豆《だいず》、大麦《おおむぎ》の産地《さんち》でした。「五穀《ごこく》は家《いえ》の宝《たから》である」という祈《いの》りを込《こ》めて「五家宝《ごかぼう》」と呼《よ》ばれるようになったそうです。1887年《ねん》に創業《そうぎょう》した「堀内製菓《ほりうちせいか》」はその味《あじ》を現代《げんだい》に伝《つた》えています。

〈五家宝《ごかぼう》 きな粉《こ》〉

町《まち》の人々《ひとびと》に愛《あい》されてきた堀内製菓《ほりうちせいか》

埼玉県熊谷市本町《さいたまけんくまがやしほんちょう》 2-15

神奈川《かながわ》

権五郎力餅《ごんごろうちからもち》

力餅家《ちからもちや》

江戸《えど》時代《じだい》より300年《ねん》以上《いじょう》 9代《だい》続《つづ》く和菓子店《わがしてん》

店《みせ》の近《ちか》くにある御霊神社《ごりょうじんじゃ》(権五郎《ごんごろう》神社《じんじゃ》ともいいます）にちなんだ「権《ごん》五郎力餅《ごろうちからもち》」。創業当時《そうぎょうとうじ》からの製法《せいほう》を受《う》け継《つ》ぎ、もちを甘《あま》さひかえめのきめ細《こま》やかなこしあんで包《つつ》んでいます。添加物《てんかぶつ》を使用《しよう》しないので消費期限《しょうひきげん》はその日《ひ》のみ。鎌倉土産《かまくらみやげ》の定番《ていばん》として代々愛《だいだいあい》されています。

〈権五郎《ごんごろう》 力餅《ちからもち》〉

長年愛《ながねんあい》される一品《いっぴん》。2月《がつ》から4月《がつ》は季節限定《きせつげんてい》の草《くさ》もちが味《あじ》わえます

神奈川県鎌倉市坂ノ下《かながわけんかまくらしさかのした》 18-18

東京《とうきょう》

芋《いも》ようかん

舟和《ふなわ》

明治生《めいじう》まれのいもようかん おいものそぼくな味《あじ》わい

浅草《あさくさ》で有名《ゆうめい》な「舟和《ふなわ》」の「芋《いも》ようかん」。明治時代《めいじじだい》にお店《みせ》を作《つく》った小林《こばやし》和助《わすけ》は、当時《とうじ》高級品《こうきゅうひん》だった練《ね》り羊《よう》かんの代《か》わりに、だれでも気軽《きがる》に食《た》べられるよういも羊《よう》かんを考《かんが》えました。さつまいもと砂糖《さとう》と少量《しょうりょう》の塩《しお》で作《つく》られているので、いもの味《あじ》をしっかり楽《たの》しめます。

〈芋《いも》ようかん〉

フライパンで焼《や》いて焼《や》きいも羊《よう》かんにするのもおすすめです！

東京都台東区浅草《とうきょうとたいとうくあさくさ》 1-22-10

場所《ばしょ》と名前《なまえ》

五色生菓子《ごしきなまがし》(石川《いしかわ》)
くずまんじゅう(福井《ふくい》)
笹団子《ささだんご》(新潟《にいがた》)
からすみ(岐阜《ぎふ》)
生《なま》せんべい(愛知《あいち》)

石川《いしかわ》

五色生菓子《ごしきなまがし》

越山甘清堂《こしやまかんせいどう》

自然《しぜん》の恵《めぐ》みに感謝《かんしゃ》する
金沢《かなざわ》の祝《いわ》い事《ごと》に欠《か》かせない五色《ごしき》の風景《ふうけい》

慶長《けいちょう》6年《ねん》(1601)、2代将軍徳川秀忠《だいしょうぐんとくがわひでただ》の娘《むすめ》・珠姫《たまひめ》が加賀藩《かがはん》3代藩主《だいはんしゅ》・前田利《まえだとし》常《つね》に嫁入《よめい》りした際《さい》に、加賀《かが》藩《はん》の御用菓子屋《ごようかしや》・樫田吉蔵《かしだきちぞう》が献上《けんじょう》したのが始《はじ》まりと言《い》われています。自然《しぜん》の恵《めぐ》みへの感謝《かんしゃ》の思《おも》いが込《こ》められ、それぞれが「日月山海里《にちげつさんかいり》」を表《あらわ》しています。明治時代《めいじじだい》には庶民《しょみん》にも定着《ていちゃく》し祝《いわ》い事《ごと》の返礼品《へんれいひん》として配《くば》られるようになりました。金沢《かなざわ》の婚礼《こんれい》に欠《か》かせない祝《いわ》い菓子《かし》です。

〈加賀五色生菓子《かがごしきなまかし》〉
太陽《たいよう》を表《あらわ》す紅色《べにいろ》、波《なみ》の重《かさ》なりを表《あらわ》すひし形《がた》の生菓子《なまがし》や里《さと》を表《あらわ》す羊《よう》かんなど五色《ごしき》の菓子《かし》が美《うつく》しい(要予約《ようよやく》)

石川県金沢市尾張町《いしかわけんかなざわしおわりちょう》 2-11-28

福井《ふくい》

くずまんじゅう

御菓子処《おかしどころ》 伊勢屋《いせや》

見《み》た目《め》からも涼《りょう》を感《かん》じる
くずと水《みず》、あんのシンプルな味《あじ》わい

日本三大《にほんさんだい》くずに数《かぞ》えられ、江戸時代《えどじだい》の儒学者《じゅがくしゃ》・頼山陽《らいさんよう》が「吉野《よしの》のくずに引《ひ》けを取《と》らない品質《ひんしつ》」と語《かた》った熊川《くまがわ》くず。この地《ち》に豊富《ほうふ》に湧《わ》き出《で》る雲城水《うんじょうすい》。この二《ふた》つに恵《めぐ》まれたこの地《ち》では、熊川《くまがわ》くずと雲城水《うんじょうすい》のみで作《つく》った生地《きじ》であんを包《つつ》んだくずまんじゅうが古《ふる》くから作《つく》られてきました。生地《きじ》に砂糖《さとう》を使《つか》っていないため、やさしいあんの甘《あま》みのみ。素材《そざい》の味《あじ》を感《かん》じる一品《いっぴん》です。

〈くずまんじゅう〉
雲城水《うんじょうすい》の流水《りゅうすい》で冷《ひ》やされるくずまんじゅう。1時間以内《じかんいない》に食《た》べるのがおすすめ

福井県小浜市《ふくいけんおばまし》
一番町《いちばんちょう》 1-6

新潟《にいがた》

笹団子《ささだんご》

田中屋本店《たなかやほんてん》

米《こめ》どころ新潟《にいがた》を代表《だいひょう》する郷土《きょうど》の人々《ひとびと》に愛《あい》される笹団子《ささだんご》

戦国時代《せんごくじだい》の武将《ぶしょう》・上杉謙信《うえすぎけんしん》が携帯食《けいたいしょく》にしていたとも、年貢米《ねんぐまい》にならない欠《か》けたくず米《まい》をおいしく食《た》べるために庶民《しょみん》が考《かんが》え出《だ》したとも言《い》われる笹団子《ささだんご》。うるち米《まい》ともち米《ごめ》をこね、ヨモギを混《ま》ぜ合《あ》わせた生地《きじ》であんを包《つつ》み、笹《ささ》の葉《は》でくるみ、蒸《む》したお菓子《かし》です。米《こめ》どころ新潟《にいがた》を代表《だいひょう》する菓子《かし》です。

〈笹団子《ささだんご》〉

定番《ていばん》のつぶあん入《い》りとこしあん入《い》り、また昔《むかし》ながらのきんぴら入《い》りも販売《はんばい》している

新潟県新潟市中央区柳島町《にいがたけんにいがたしちゅうおうくやなぎしまちょう》 1-2-3

岐阜《ぎふ》

からすみ

御菓子処《おかしどころ》　信玄堂《しんげんどう》

珍味《ちんみ》からすみを模《も》して作《つく》った子宝《こだから》と子《こ》の成長《せいちょう》を願《ねが》う特産品《とくさんひん》

米粉《こめこ》に砂糖《さとう》や黒糖《こくとう》、ヨモギ、くるみなどを練《ね》りこんで蒸《む》したお菓子《かし》です。海《うみ》から遠《とお》い岐阜県《ぎふけん》の東濃地域《とうのうちいき》では、一説《いっせつ》によると、子宝《こだから》の象徴《しょうちょう》とされる、ボラの卵《たまご》のからすみの代《か》わりに、形《かたち》が似《に》たこの菓子《かし》で代用《だいよう》していたためこの名《な》がついたとも言《い》われています。桃《もも》の節句《せっく》のお供《そな》えとしても用《もち》いられています。

〈からすみ〉

お祝《いわ》い事《ごと》にも使《つか》われる特産品《とくさんひん》。トースターであぶって味《あじ》わっても美味《おい》しい

岐阜県中津川市手賀野《ぎふけんなかつがわしてがの》 453

愛知《あいち》

生《なま》せんべい

総本家田中屋《そうほんけたなかや》

徳川家康《とくがわいえやす》のゆかり残《のこ》る知多半島《ちたはんとう》を代表《だいひょう》する銘菓《めいか》

愛知県南西部《あいちけんなんせいぶ》、伊勢湾《いせわん》と三河湾《みかわわん》の間《あいだ》につきでた知多半島《ちたはんとう》の名物《めいぶつ》「生《なま》せんべい」。永禄《えいろく》3年《ねん》（1560）、桶《おけ》狭間《はざま》の戦《たたか》いで織田勢《おだぜい》に押《お》された徳川《とくがわ》家康《いえやす》が、岩滑城《やなべじょう》（現在《げんざい》の半田市《はんだし》）を訪《おとず》れた際《さい》、百姓《ひゃくしょう》家《や》の庭先《にわさき》に干《ほ》してあるせんべいを生《なま》のまま食《た》べたところ、それを気《き》に入《い》り献上《けんじょう》させたことがきっかけと言《い》われています。

〈生《なま》せんべい〉

もちのような食感《しょっかん》で、黒砂糖《くろざとう》とはちみつのほのかな甘《あま》みが広《ひろ》がります

愛知県半田市清水北町《あいちけんはんだししみずきたちょう》 1

関西編《かんさいへん》

場所《ばしょ》と名前《なまえ》

蕎麦《そば》ほうる（京都《きょうと》）
本《ほん》ノ字《じ》饅頭《まんじゅう》（和歌山《わかやま》）
塩味饅頭《しおみまんじゅう》（兵庫《ひょうご》）
粟《あわ》おこし（大阪《おおさか》）
青丹《あおに》よし（奈良《なら》）

京都《きょうと》 蕎麦《そば》ほうる

南蛮菓子《なんばんがし》をルーツに、そば作《づく》りの応用《おうよう》から誕生《たんじょう》した「蕎麦《そば》ほうる」

総本家河道屋《そうほんけかわみちや》

ポルトガル語《ご》で菓子《かし》を意《い》味《み》するボーロ。ポルトガル人《じん》によって室町時代《むろまちじだい》に伝《つた》えられた南蛮菓子《なんばんがし》の一《ひと》つで、小麦粉《こむぎこ》に砂糖《さとう》を加《くわ》えてこねて焼《や》いたものだったと言《い》います。

江戸時代《えどじだい》、本業《ほんぎょう》の菓子屋《かしや》の副業《ふくぎょう》でそば屋《や》も営《いとな》んでいた「総本家河道屋《そうほんけかわみちや》」。江戸時《えどじ》代《だい》の後期《こうき》、13代目《だいめ》がそば作《づく》りを応用《おうよう》して「蕎麦《そば》ほうる」を考《かんが》え出《だ》しました。京都《きょうと》を代表《だいひょう》するお菓子《かし》です。

〈蕎麦《そば》ほうる〉
上品《じょうひん》でそぼくな味《あじ》わい

京都府京都市中京区《きょうとふきょうとしなかぎょうく》
姉小路通《あねやこうじとおり》御幸町西入《ごこまちにしいる》
姉大東町《あねだいとうちょう》550

兵庫《ひょうご》 塩味饅頭《しおみまんじゅう》

江戸時代《えどじだい》より受《う》け継《つ》がれる味《あじ》わい 赤穂《あこう》の和菓子《わがし》と言《い》えば塩味饅頭《しおみまんじゅう》

元祖播磨屋《がんそはりまや》

瀬戸内海《せとないかい》の豊《ゆた》かな海《うみ》の恵《めぐ》みとおだやかな気候《きこう》で、塩《しお》づくりが盛《さか》んに行《おこな》われてきた播州赤穂《ばんしゅうあこう》。そんな赤穂《あこう》の塩《しお》を使《つか》ったまんじゅうが明和年間《めいわねんかん》（1764～72）創業《そうぎょう》の「元祖播磨《がんそはりま》屋《や》」の「塩味饅頭《しおみまんじゅう》」です。1853年《ねん》、当主《とうしゅ》が「汐見《しおみ》まん志《じ》う」を考《かんが》えました。次《つぎ》の代《だい》の当主《とうしゅ》の時《とき》に赤穂藩《あこうはん》と取引《とりひき》をするようになると、藩《はん》のアドバイスで「塩味饅頭《しおみまんじゅう》」と改名《かいめい》しました。

〈塩味饅頭《しおみまんじゅう》〉
塩味《しおあじ》がアクセント。夕日《ゆうひ》をヒントに誕生《たんじょう》しました

兵庫県赤穂市《ひょうごけんあこうし》
尾崎《おさき》3930

奈良《なら》

青丹《あおに》よし

鶴屋徳満《つるやとくまん》

和歌《わか》に登場《とうじょう》する「青丹《あおに》よし」 奈良《なら》の都《みやこ》で生《う》まれた上品《じょうひん》な和菓子《わがし》

皇族《こうぞく》が中宮寺《ちゅうぐうじ》を訪《おとず》れた時《とき》に、献上《けんじょう》品《ひん》(※)の菓子《かし》を気《き》に入《い》り「青丹《あおに》よし」と名付《なづ》けました。鶴屋徳満《つるやとくまん》が江戸《えど》時代《じだい》の製法《せいほう》を今《いま》に伝《つた》えています。「青丹《あおに》よし」は、青土《あおつち》を産出《さんしゅつ》したことからとも、かわらの青色《あおいろ》と柱《はしら》の丹色《にいろ》(赤《あか》い色《いろ》)が美《うつく》しい奈良《なら》の都《みやこ》を指《さ》すとも言《い》われ、和歌《わか》にも由来《ゆらい》する風情《ふぜい》のある和菓子《わがし》です。

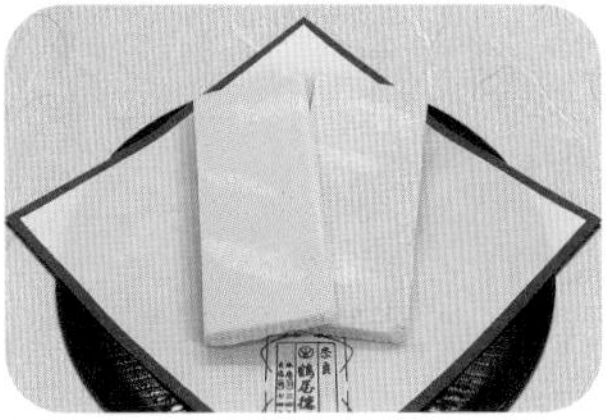

〈元祖《がんそ》 青丹《あおに》よし〉

優《やさ》しい味《あじ》わいで、あわい青《あお》とあわい紅《べに》の二色《にしょく》セットの短冊形《たんざくがた》

奈良県奈良市下御門町《ならけんならししもみかどちょう》 29

※身分《みぶん》の高《たか》い人《ひと》へ差《さ》し上《あ》げる菓子《かし》

和歌山《わかやま》

本《ほん》ノ字《じ》饅頭《まんじゅう》

総本家駿河屋善右衛門《そうほんけするがやぜんえもん》

江戸《えど》時代《じだい》に誕生《たんじょう》した「本《ほん》ノ字《じ》饅頭《まんじゅう》」 参勤交代《さんきんこうたい》の際《さい》に重宝《ちょうほう》された

1461年創業《ねんそうぎょう》の「総本家駿河屋《そうほんけするがや》善右衛門《ぜんえもん》」を代表《だいひょう》する菓子《かし》。「本《ほん》ノ字饅頭《じまんじゅう》」の「本《ほん》」は、紀州徳川家《きしゅうとくがわけ》が町《まち》の人《ひと》に説《と》いた「正直《しょうじき》を本《もと》とす」という教《おし》えに由来《ゆらい》します。和歌山《わかやま》の名《めい》所《しょ》を案内《あんない》した『紀伊國名所図会《きいのくにめいしょずえ》』では「本《ほん》ノ字饅頭《じまんじゅう》」が紹介《しょうかい》され、江戸《えど》時代《じだい》には携帯食《けいたいしょく》として参勤交代《さんきんこうたい》の時《とき》にも重宝《ちょうほう》されたそうです。

〈本《ほん》ノ字饅頭《じまんじゅう》〉

「本《ほん》」の字《じ》が印象的《いんしょうてき》な「本《ほん》ノ字饅頭《じまんじゅう》」は、ふっくらとした酒《さか》まんじゅう

和歌山県和歌山市駿河町《わかやまけんわかやましするがまち》 12

大阪《おおさか》

粟《あわ》おこし

つのせ

大阪名物《おおさかめいぶつ》の「粟《あわ》おこし」は 昔《むかし》の書物《しょもつ》にも登場《とうじょう》する和菓子《わがし》

1752年創業《ねんそうぎょう》の「つのせ」の創業者《そうぎょうしゃ》は、それまであわやひえで作《つく》っていた「おこし」を、米《こめ》をくだいてあわ粒《つぶ》のように見《み》せ、「粟《あわ》おこし」の名《な》で販売《はんばい》すると人気《にんき》に。江戸《えど》時代《じだい》の書物《しょもつ》にも登場《とうじょう》しています。板《いた》状《じょう》で一口《ひとくち》サイズの「粟《あわ》おこし」は大《おお》阪《さか》の名物《めいぶつ》として人々《ひとびと》に親《した》しまれています。

〈粟《あわ》おこし〉

「粟《あわ》おこし」の他《ほか》に「生姜《しょうが》おこし」なども

大阪府大阪市住吉区長居西《おおさかふおおさかしすみよしくながいにし》 1-5-1

場所《ばしょ》と名前《なまえ》

もみじ饅頭《まんじゅう》（広島《ひろしま》）　若草《わかくさ》（島根《しまね》）　大手《おおて》まんぢゅう（岡山《おかやま》）　一六《いちろく》タルト（愛媛《えひめ》）　芋《いも》けんぴ（高知《こうち》）

広島《ひろしま》

もみじ饅頭《まんじゅう》

にしき堂《どう》

広島土産《ひろしまみやげ》の大定番《だいていばん》は今《いま》なお進化中《しんかちゅう》
バリエーションの豊《ゆた》かさにも注目《ちゅうもく》

日本三景《にほんさんけい》の一《ひと》つ、宮島《みやじま》で始《はじ》まり、広島県《ひろしまけん》の銘菓《めいか》として知《し》られる「もみじ饅頭《まんじゅう》」。1906年《ねん》、宮島《みやじま》の紅葉《こうよう》の名所《めいしょ》・紅葉谷公園内《もみじだにこうえんない》の旅館《りょかん》に茶菓子《ちゃがし》を納《おさ》めていた和菓子《わがし》職人《しょくにん》が考案《こうあん》しました。現在《げんざい》はあんの代《か》わりに、チョコやクリームチーズ、もちなどを入《い》れたものや、生地《きじ》に抹茶《まっちゃ》を練《ね》りこんだもの、もちもちしっとりとした「生《なま》もみじ」など、様々《さまざま》なバリエーションが登場《とうじょう》しています。

〈もみじ饅頭《まんじゅう》〉

北海道産《ほっかいどうさん》の小豆《あずき》と、良質《りょうしつ》な地下水《ちかすい》で練《ね》り上《あ》げたこしあんをカステラ生地《きじ》で包《つつ》みました

広島県広島市《ひろしまけんひろしまし》
東区光町《ひがしくひかりまち》 1-13-23

島根《しまね》

若草《わかくさ》

彩雲堂《さいうんどう》

松平不昧《まつだいらふまい》ゆかりの地域《ちいき》の銘菓《めいか》
一度《いちど》はとだえた歴史《れきし》を復活《ふっかつ》

松江藩藩主《まつえはんはんしゅ》であり、茶人《ちゃじん》としても名高《なだか》い松平治郷《まつだいらはるさと》（不昧《ふまい》）が考案《こうあん》した茶菓子《ちゃがし》「若草《わかくさ》」。不昧《ふまい》が詠《よ》んだ「曇《くも》るぞよ 雨降《あめふ》らぬうちに 摘《つ》みてこむ 栂尾山《とがのおやま》の 春《はる》の若草《わかくさ》」から菓銘《かめい》を採《と》ったといいます。

不昧《ふまい》の死後《しご》、一度《いちど》は失《うしな》われた製法《せいほう》ですが、明治《めいじ》40年代《ねんだい》「彩雲堂《さいうんどう》」の初代《しょだい》が復活再現《ふっかつさいげん》しました。求肥《ぎゅうひ》に薄緑色《うすみどりいろ》の寒梅粉《かんばいこ》（※）をまぶした外見《がいけん》は、春《はる》に芽《め》を出《だ》す緑《みどり》を思《おも》わせます。

〈若草《わかくさ》〉

奥出雲《おくいずも》の上質《じょうしつ》なもち米《ごめ》を使用《しよう》し、手作業《てさぎょう》で寒梅粉《かんばいこ》をまぶしています。ふっくらとした食感《しょっかん》が楽《たの》しい一品《いっぴん》です

島根県松江市天神町《しまねけんまつえしてんじんまち》 124

※もち米《ごめ》を蒸《む》してせんべい状《じょう》に焼《や》き上《あ》げ製粉《せいふん》した物

岡山《おかやま》

大手《おおて》まんぢゅう

大手饅頭伊部屋

日本三大《にほんさんだい》まんじゅうの一《ひと》つ 県民《けんみん》は誰《だれ》もが知《し》る岡山銘菓《おかやまめいか》

岡山城《おかやまじょう》大手門《おおてもん》の近《ちか》くに店《みせ》を構《かま》えたことから、藩侯《はんこう》から直々《じきじき》に菓銘《かめい》をたまわったと伝《つた》わります。内側《うちがわ》がすけて見《み》えるほどうすい皮《かわ》に、ぎっしりと詰《つ》まったあんが特《とく》ちょう。北海道産小豆《ほっかいどうさんあずき》を特製《とくせい》の白双糖《しろざらとう》で練《ね》り上《あ》げたこしあんと、自家製《じかせい》の甘酒《あまざけ》を加《くわ》えた風味豊《ふうみゆた》かな生地《きじ》が味《あじ》の秘密《ひみつ》です。

〈大手《おおて》まんぢゅう〉

原料《げんりょう》となる甘酒《あまざけ》は、良質《りょうしつ》の備前米《びぜんまい》を用《もち》い、手間隙《てまひま》をかけて作《つく》られています

岡山県岡山市北区京橋町《おかやまけんおかやましきたくきょうばしちょう》 8-2

愛媛《えひめ》

一六《いちろく》タルト

一六本舗

お殿様《とのさま》が独自《どくじ》に考案《こうあん》 愛媛《えひめ》を代表《だいひょう》する銘菓《めいか》

愛媛《えひめ》のタルトは江戸時代《えどじだい》に松山《まつやま》のお殿様《とのさま》が長崎《ながさき》でポルトガル人《じん》から教《おそ》わったと伝《つた》えられてます。当時《とうじ》はカステラでジャムを巻《ま》いたものでしたが、お殿様《とのさま》がジャムをあんに変《か》えて独自《どくじ》に考案《こうあん》したタルトが愛媛《えひめ》に定着《ていちゃく》しました。「一六本舗《いちろくほんぽ》」の「一六《いちろく》タルト」は愛媛《えひめ》を代表《だいひょう》する銘菓《めいか》です。

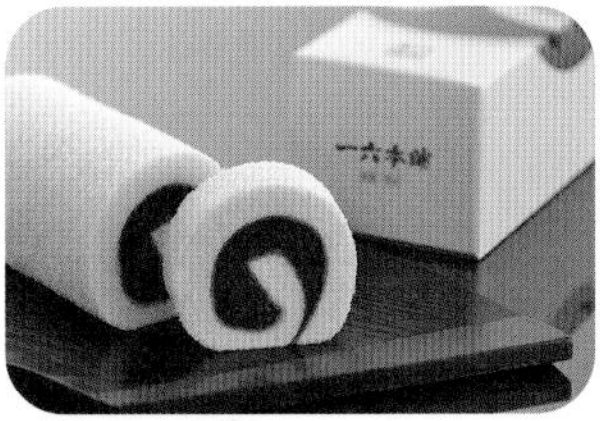

〈一六《いちろく》タルト「柚子《ゆず》」〉

あんに練《ね》り込《こ》まれた愛媛県産《えひめけんさん》の柚子《ゆず》のさわやかさが、食《た》べ飽《あ》きさせません

愛媛県松山市勝山町《えひめけんまつやましかつやまちょう》 2-8-1

高知《こうち》

芋《いも》けんぴ

芋屋金次郎

かつてハレの日《ひ》をかざった郷土《きょうど》の味《あじ》 優《やさ》しい味《あじ》と食感《しょっかん》の楽《たの》しさが特《とく》ちょう

高知県《こうちけん》では温暖《おんだん》な気候《きこう》からサツマイモがよく育《そだ》ち、江戸時代《えどじだい》からしょ民《みん》の主食《しゅしょく》として食《た》べられてきました。そのサツマイモを当時貴重《とうじきちょう》だった油《あぶら》であげ、砂糖《さとう》をからめたものが芋《いも》けんぴ。ハレの日《ひ》に食《た》べられていたようです。「芋屋金次郎《いもやきんじろう》」は、いも・砂糖《さとう》・油《あぶら》のみで作《つく》る伝統《でんとう》の製法《せいほう》を守《まも》り、あげたての美味《おい》しさを伝《つた》えています。

〈揚《あ》げたて芋《いも》けんぴ〉

最高級油《さいこうきゅうあぶら》であげたサクサクの食感《しょっかん》。その日《ひ》あげたものだけを提供《ていきょう》しています

高知県高岡郡日高村本郷《こうちけんたかおかぐんひだかむらほんごう》 573-1

九州編《きゅうしゅうへん》

場所《ばしょ》と名前《なまえ》

鶏卵素麺《けいらんそうめん》（福岡《ふくおか》）
丸《まる》ぼうろ（佐賀《さが》）
軽羹《かるかん》（鹿児島《かごしま》）
梅《うめ》ヶ枝餅《がえもち》（福岡《ふくおか》）
よりより（長崎《ながさき》）

福岡《ふくおか》 鶏卵素麺《けいらんそうめん》

原料《げんりょう》は卵黄《らんおう》と砂糖《さとう》のみ　福岡藩主《ふくおかはんしゅ》も愛《あい》した奥深《おくぶか》い味《あじ》わい

松屋利右衛門《まつやりえもん》

砂糖《さとう》を煮《に》とかしたみつに卵《たまご》を流《なが》し入《い》れ、めん状《じょう》に固《かた》めた南蛮菓子《なんばんがし》「フィオス・デ・オーヴォス」（「卵《たまご》の糸《いと》」の意味《いみ》）に心《こころ》ひかれた初代松屋利右衛門《しょだいまつやりえもん》。彼《かれ》が生《う》み出《だ》した鶏卵素麺《けいらんそうめん》は福岡藩主《ふくおかはんしゅ》も気《き》に入《い》りました。「松屋利右衛門《まつやりえもん》」では伝統《でんとう》の製法《せいほう》を守《まも》りながらも、11代《だい》が考案《こうあん》した「たばね」、現《げん》13代《だい》による「ひねり」と、新《あら》たな味《あじ》わいを追求《ついきゅう》し続《つづ》けています。

〈鶏卵素麺《けいらんそうめん》〉
ジューシーなみつがたっぷり。食《た》べやすいよう半分《はんぶん》にカットして個包装《こほうそう》されています

福岡県福岡市中央区《ふくおかけんふくおかしちゅうおうく》
桜坂《さくらざか》3-12-81-102

鹿児島《かごしま》 軽羹《かるかん》

大名家《だいみょうけ》で食《た》べられた軽羹《かるかん》　ふんわり食感《しょっかん》は自然《じねん》じょが決《き》め手《て》

明石屋《あかしや》

1854年《ねん》、当時《とうじ》のさつま藩主《はんしゅ》・島津斉彬《しまづなりあきら》が江戸《えど》から呼《よ》んだ菓子職人《かししょくにん》、八島六兵衛《やしまろくべえ》が、この地《ち》の山《やま》いもが良質《りょうしつ》なことに注目《ちゅうもく》し、これにさつまの良《い》い米《こめ》を合《あ》わせて改良《かいりょう》を重《かさ》ね作《つく》ったのが現在《げんざい》の「軽羹《かるかん》」。自然《じねん》じょと米《こめ》の粉《こな》、砂糖《さとう》だけで作《つく》られ、白《しろ》く清《きよ》らかな見《み》た目《め》とふんわりとした食感《しょっかん》、そぼくな味《あじ》わいが愛《あい》されました。彼《かれ》が発展《はってん》させた「明石屋《あかしや》」は現在《げんざい》7代《だい》目《め》がその味《あじ》を守《まも》っています。

〈軽羹《かるかん》〉
しっとり、ふんわり。ほのかな甘《あま》みがどこかなつかしくもあります

鹿児島県鹿児島市《かごしまけんかごしまし》
金生町《きんせいちょう》4-16

長崎《ながさき》

よりより（唐人巻《とうじんまき》）

福建《ふっけん》

食《た》べあきないそぼくな味《あじ》わい
好《この》みのかたさを見《み》つけてみて

縄《なわ》を何本《なんぼん》かねじり1本《ほん》にしたような見《み》た目《め》から「よりより」と呼《よ》ばれる「唐人巻《とうじんまき》」は、中国《ちゅうごく》では「麻花《マファー》」というあげ菓子《かし》。小麦粉《こむぎこ》で作《つく》った生地《きじ》は大豆油《だいずあぶら》であげられ旨《うま》みが引《ひ》き立《た》ち、食《た》べあきないそぼくな味《あじ》に。「福建《ふっけん》」では3種類《しゅるい》の硬《かた》さの「よりより」を製造《せいぞう》。地元《じもと》の幼稚園《ようちえん》や小学校《しょうがっこう》では給食《きゅうしょく》にも登場《とうじょう》するそうです。

〈よりより〉

ポリポリとした食感《しょっかん》が楽《たの》しく、つい手《て》がのびてしまう一品《ぴん》です

長崎県長崎市出島町《ながさきけんながさきしでじまちょう》 4-13

佐賀《さが》

丸《まる》ぼうろ

鶴屋《つるや》

出島《でじま》で学《まな》んだ南蛮渡来《なんばんとらい》の製造法《せいぞうほう》
大隈重信《おおくましげのぶ》も好《この》んだ味《あじ》わいを伝承《でんしょう》

佐賀県《さがけん》の代表的銘菓《だいひょうてきめいか》「丸《まる》ぼうろ」。寛永《かんえい》16年創業《ねんそうぎょう》の「鶴屋《つるや》」2代目《だいめ》が出島《でじま》で学《まな》んだ南蛮菓子《なんばんがし》の製法《せいほう》を佐賀《さが》に持《も》ち帰《かえ》ったことから生《う》まれたとも言《い》われています。小麦粉《こむぎこ》、砂糖《さとう》、卵《たまご》を原料《げんりょう》に作《つく》る丸《まる》ぼうろは、2代目以降《だいめいこう》も代々当主《だいだいとうしゅ》が改良《かいりょう》を加《くわ》え、現在《げんざい》は15代《だい》目《め》がその伝統《でんとう》をつむいでいます。

〈佐賀銘菓《さがめいか》 元祖丸房露《がんそまるぼうろ》〉

大隈重信《おおくましげのぶ》が母《はは》の一周忌《いっしゅうき》の法要《ほうよう》で帰郷《ききょう》した際《さい》に「丸《まる》ぼうろ」を口《くち》にしたと伝《つた》わります

佐賀県佐賀市西魚町《さがけんさがしにしうおまち》 1

福岡《ふくおか》

梅《うめ》ヶ《が》枝《え》餅《もち》

かさの家《や》

香《こう》ばしく焼《や》き上《あ》げた梅《うめ》ヶ《が》枝餅《えもち》は
太宰府散策《だざいふさんさく》のお供《とも》にも

菅原道真《すがわらのみちざね》を祀《まつ》る太宰府天満宮《だざいふてんまんぐう》の門前菓子《もんぜんがし》と言《い》えば、「梅《うめ》ケ《が》枝餅《えもち》」。その始《はじ》まりは、道真《みちざね》の悲《ひ》さんな生活《せいかつ》を見《み》かねた老婆《ろうば》が梅《うめ》の枝《えだ》にもちを刺《さ》して格《こう》子越《しご》しに差《さ》し入《い》れたからとも道真《みちざね》のひつぎにもちを梅《うめ》の枝《えだ》に刺《さ》して供《そな》えたからとも言《い》われています。材料《ざいりょう》は、もち米《ごめ》、米粉《こめこ》、小豆《あずき》、砂糖《さとう》、塩《しお》とシンプル。おやつやお土産《みやげ》にも大人気《だいにんき》です。

〈梅《うめ》ケ《が》枝餅《えもち》〉

もっちりとした生地《きじ》でやさしい甘《あま》さの小豆《あずき》あんを包《つつ》み、外側《そとがわ》はかりっと香《こう》ばしく焼《や》き上《あ》げています

福岡県太宰府市宰府《ふくおかけんだざいふしさいふ》 2-7-24

よりみち 4

和菓子の用語

どこかで耳《みみ》にしたり何《なん》となく使《つか》ったりする和菓子用語《わがしようご》。
ここではそんな用語《ようご》についてしっかり理解《りかい》しましょう。

あ

朝生菓子《あさなまがし》 賞味期限《しょうみきげん》がその日中《ひじゅう》の菓子《かし》。朝作《あさつく》り、当日中《とうじつちゅう》に販売《はんばい》される

主菓子《おもがし》 茶《ちゃ》の湯《ゆ》における上菓子《じょうがし》の別名《べつめい》。主《おも》に濃茶《こいちゃ》とともに頂《いただ》く

か

京菓子《きょうがし》 京都《きょうと》で作《つく》られる和菓子《わがし》の呼《よ》び名《な》

求《ぎゅう》肥《ひ》 こねた白玉粉《しらたまこ》に熱《ねつ》を加《くわ》え、砂糖《さとう》と水《みず》あめと一緒《いっしょ》に練《ね》り固《かた》めたもの

錦《きん》玉《ぎょく》 煮溶《にと》かした寒天《かんてん》に砂糖《さとう》などを加《くわ》え、型《かた》に入《い》れて冷《ひ》やし固《かた》めた半透明《はんとうめい》の菓子《かし》

きんとん あんや求肥《ぎゅうひ》などを中心《ちゅうしん》にして、そぼろ状《じょう》にしたあんをまぶしたもの

こなし あんに小麦粉《こむぎこ》などの粉類《こなるい》、砂糖《さとう》を加《くわ》えて練《ね》って蒸《む》した生地《きじ》で様々《さまざま》な形《かたち》に仕上《しあ》げた菓子《かし》

さ

じょうよ　つくねいも、大和《やまと》いもなど山《やま》いものこと

しとぎ　米《こめ》の粉《こな》で作《つく》ったもち。主《おも》に神様《かみさま》に供《そな》える

な

練《ね》り切《き》り　生菓子《なまがし》に使用《しよう》するねばりのあるあんに求肥《ぎゅうひ》やじょうよなどを加《くわ》え、様々《さまざま》な形《かたち》に仕上《しあ》げた生菓子《なまがし》

は

初《はつ》釜《がま》　茶道《さどう》の行事《ぎょうじ》で、新年《しんねん》に初《はじ》めてかける釜《かま》のこと

引《ひ》き菓子《がし》　祝《いわ》い事《ごと》や仏事《ぶつじ》などで、参加者《さんかしゃ》に配《くば》る引《ひ》き出物《でもの》の菓子《かし》

ま

村《むら》雨《さめ》　あんに砂糖《さとう》と粉《こな》を加《くわ》えてこしたものを木枠《きわく》に入《い》れて固《かた》めた菓子《かし》

桃《もも》山《やま》　卵黄《らんおう》、粉《こな》、水《みず》あめなどを加《くわ》えた白《しろ》あんを練《ね》って生地《きじ》を作《つく》り、あんを包《つつ》み込《こ》んで形成《けいせい》・焼《や》いた菓子《かし》

索引《さくいん》

た

な

は

ま

や

ら

わ

あ

か

さ

「江戸楽（えどがく）」編集部

取材・撮影・本文
堀内貴栄　尾花知美　宮本翼　糸岡佑利子

デザイン・DTP
KAJIRUSHI

知ると楽しい！和菓子のひみつ
未来に伝えたいニッポンの菓子文化

2024年６月５日　第1版・第1刷発行
2024年10月20日　第1版・第2刷発行

著　者　「和菓子のひみつ」編集部（わがしのひみつへんしゅうぶ）
発行者　株式会社メイツユニバーサルコンテンツ
代表者　大羽 孝志
〒102-0093　東京都千代田区平河町一丁目1-8
印　刷　シナノ印刷株式会社

ご意見・ご感想はホームページから承っております
ウェブサイト　https://www.mates-publishing.co.jp/

企画担当：千代 寧

※本書は2021年発行の『和菓子のひみつ 楽しみ方・味わい方がわかる本 ニッポンの菓子文化超入門』を元に、児童向けに内容を加筆・再編集したものです。